키워드 한국사 ①

선사 · 고조선 · 고구려 · 백제

키워드 한국사 1

김성환 지음
이선희 · 김진화 그림

사계절

이 책을 펴내면서

이제 막 역사의 문턱에 들어선 친구들에게

역사란 무엇일까?

　너희들은 친구를 처음 사귈 때 그 아이가 그동안 어디에서 살았으며 가족은 누구인지, 또 어떤 환경에서 자랐는지 궁금한 적이 있었을 거야. 역사란 바로 그런 거란다. 이미 흘러가 버린 과거에 무슨 일이 있었는지 궁금해하고 그것을 알아 가는 과정이 곧 역사라는 거야. 그렇게 과거에 대해 잘 알게 되면 다가올 앞날을 더욱 알차게 계획할 수 있게 되지.

　그런데 바로 며칠 전 교실에서 일어난 일을 두고 반 친구들이 저마다 다르게 얘기한 때가 있을 거야. 만약 며칠 전이 아니라 한참 전에 일어났던 일이라면 더 말할 필요도 없겠지. 그것은 시간이 흘러 기억이 흐릿해질 수도 있고 또 그때의 상황을 저마다 다른 처지에서 바라보기 때문일 거야.

　역사도 그렇단다. 역사에서 우리에게 남겨진 것은 항상 얼마 안 되는 기록과 흔적뿐이야. 게다가 기록을 남긴 사람의 관점에 따라 다르게 기록한 경우도 많지. 그 기록을 세심하게 뜯어 살펴서 언제 무슨 일이 어떻게 일어났는지를 정확하게 재구성하는 것이 역사란다. 그래서 역사를 공부할 때는 암기력이 아니라 세심한 관찰력과 논리적인 추리력이 필요한 거야.

　이런 점에서 『키워드 한국사』에서는 과거에 일어난 특정한 사건을 놓고 그것이 왜 일어났는지, 그것이 일어날 수밖에 없는 어떤 사정이 있었는지, 그 사건에 숨어 있는 의미는 무엇인지를 논리와 추리를 최대한 동원해서 밝

혀 보려고 했단다. 역사를 공부할 때는 역사적인 사실을 낱낱이 잘 아는 것보다 사건이 일어난 배경이라든가 사실들의 관계, 역사적인 맥락을 이해하는 것이 더 중요하다고 생각하기 때문이야.

『키워드 한국사』는 권마다 30개 안팎의 키워드로 이루어져 있어. 해당 시대를 이해하는 데 꼭 필요한 역사 개념과 인물·사건·생활·문화 등 다양한 분야의 키워드가 골고루 포함되어 있단다. 말하자면 우리 역사를 알 수 있는 중요한 단서라고나 할까?

예를 들면 고구려가 광개토 대왕과 장수왕 때 최고 전성기를 누릴 수 있었던 것은 소수림왕이 나라의 토대를 잘 닦아 놓았기 때문이야. 그래서 고구려의 전성기를 이해하려면 '소수림왕'이라는 키워드가 필요하지. 또 소수림왕을 이해하려면 그전에 '고대 국가'라는 키워드를 알아야 해. 소수림왕은 국가의 법인 율령을 만들고 불교를 나라의 종교로 삼아 부족마다 흩어져 있던 힘을 한데 모았어. 율령 반포와 불교 공인을 통해 비로소 고구려는 5부족 연맹 왕국에서 고대 국가로 성장할 수 있었단다.

이렇게 역사의 키워드, 곧 역사의 단서들을 엮어 나가다 보면 역사의 흐름이 자연스럽게 보일 거야. 그러니까 연도나 사건, 인물 등을 달달 외울 필요는 없단다. 이 책을 읽고 우리 역사에 호기심을 갖게 되거나 또 다른 궁금증이 꼬리에 꼬리를 물고 생겨나서 우리 역사를 더 알고 싶다는 마음이 생긴다면, 그게 바로 진짜 역사 공부가 되는 거야.

이 책에 나오는 키워드를 바탕으로 너희들 스스로 새로운 역사 키워드를 더 많이 찾아내 주길 바란다.

『키워드 한국사』 글쓴이들

차례

1 선사 시대

키워드 01 **단일 민족** 우리는 정말 단일 민족일까 12

키워드 02 **선사 시대와 역사 시대** 역사 시대는 언제부터 시작되었을까 16

키워드 03 **석기·청동기·철기** 왜 도구의 재료로 시대를 나눌까 20

키워드 04 **구석기 시대** 구석기 사람들은 어떻게 살았을까 24

키워드 05 **신석기 혁명** 인류 역사를 뒤바꾼 농업 발명 30

키워드 ✚ **빗살무늬 토기** 왜 그릇에 빗살무늬를 새겼을까 38

키워드 06 **청동기 시대** 지배 계급이 생겨나다 40

키워드 07 **씨족·부족** 씨족에서 부족으로 48

2 고조선과 여러 나라

키워드 08 **단군 신화** 단군은 누구일까 54

키워드 09 **범금 8조** 고조선 사람들은 어떻게 살았을까 58

키워드 10 **기자 조선·위만 조선** 기자와 위만 이야기 62

키워드 11 **고조선·한나라 전쟁** 고조선 최후의 날 66

키워드 ✚ **한사군** 고조선 땅을 차지한 한사군 70

키워드 12 **부여·옥저·동예** 고조선의 백성들은 어디로 갔을까 72

키워드 13 **삼한** 삼국 이전에 삼한이 있었다 76

3 고구려

키워드 14 **주몽** 주몽, 고구려를 세우다 82

키워드 ✚ **국내성** 돼지가 정해 준 고구려의 두 번째 도읍 88

키워드 15 **고대 국가** 고대 국가가 되기 위한 조건들 90

키워드 16 **소수림왕** 고구려, 고대 국가에 올라서다 94

키워드 17 **불교** 삼국은 왜 모두 불교를 받아들였을까 98

키워드 18 **광개토 대왕** 고구려, 세계의 중심에 서다 102

키워드 19 **평양 천도** 장수왕이 평양으로 도읍을 옮긴 까닭 108

키워드 ✚ **평양성** 대동강 가에 세운 신도시 114

키워드 20 **고구려 고분 벽화** 무덤 속에 그린 하늘나라 116

키워드 21 **살수 대첩** 수나라 100만 대군을 물리치다 124

키워드 22 **연개소문** 고구려 700년 왕국이 무너지다 130

4 백제

키워드 23 **온조와 비류** 온조, 백제를 세우다 138

키워드 24 **하남 위례성** 백제의 도읍 하남 위례성은 어디일까 142

키워드 25 **근초고왕** 백제, 강대국 대열에 오르다 148

키워드 ✚ **박사** 국제 무대에서 활약한 박사들 154

키워드 26 **사비 천도** 백제, 한강 유역을 빼앗기다 156

키워드 27 **해상 왕국** 바닷길을 개척한 해상 강국 백제 162

키워드 28 **백제 문화** 문화 강대국 백제 168

키워드 29 **황산벌 전투** 백제와 신라의 운명을 건 싸움 174

키워드 30 **의자왕** 백제가 멸망한 이유 178

연표 184
찾아보기 186
사진·그림 제공 및 출처 190

1 선사 시대

언제부터 우리 역사가 시작되었을까? 너희가 처음 역사라는 문을 들어서려고 할 때 가장 먼저 부딪치는 어려운 물음일 거야. 선사 시대는 우리가 상상하기 힘들 정도로 아주아주 먼 옛날이어서 그 시대를 알 수 있는 증거가 많지 않기 때문이란다. 하지만 걱정할 건 없어. 너희에게는 왕성한 호기심과 일곱 개나 되는 열쇠가 있으니까. 이 열쇠로 너희는 이제 우리 역사의 대문을 열고 현관에 들어서게 될 거야. 자, 그럼 신나게 하나씩 열어 볼까?

키워드 01 **단일 민족**

우리는 정말 단일 민족일까

너희들은 그동안 '우리 민족은 단일 민족'이라는 말을 많이 들어 봤을 거야. 그런데 단일 민족이란 무슨 뜻인지 가만히 생각해 보렴. 단일 민족이란 하나의 인종으로 이루어진 민족을 말해. 곧 다른 인종의 피가 섞이지 않은 단 하나의 순수한 혈통으로만 이어져 온 민족을 가리키지. 그런데 우리 민족은 정말 단일 민족일까?

【우리는 단군의 자손인가】

우리 민족의 이름은 한민족이야. 우리는 한국어를 쓰고, 한반도 일대에 모여 살며, 생활 풍습도 서로 비슷하지. 이러한 우리 한민족의 맨 처음 조상은 누구일까?

아마도 많은 사람들이 단군이라고 대답할 거야. 그런데 단군이 언제 누구의 아들로 태어났으며, 단군이 낳은 후손이 누구인지 기록해 놓은 족보는 없단다. 사실 단군이라는 인물 자체가 신화에 등장하는 인물이어서 꾸며 낸 인물인지 실제 인물인지도 알 수가 없어. 따라서 우리 민족의 시조가 단군이라고 말하는 것은 과학적인 근거가 별로 없다는 얘기지. 그러면 우리 민족의 시조에 관한 확실한 증거는 없는 걸까?

그렇지는 않아. 아주 오랜 옛날 이 땅에 살았던 사람들의 흔적을 찾아보면 우리 민족이 언제 어떻게 생겨났는지 추적해 볼 수 있단다. 그러한 일을 하는 학문을 고고학이라고 하지.

고고학자들이 연구한 바에 따르면, 우리 땅에서 발견된 가장 오래된 사람의 흔적은 약 70만 년 전의 것이야. 충청남도 공주 석장리와 충청북도 단양 금굴에서 그때 살았던 사람들의 흔적이 발견되었지. 발견된 것은 주로 그 사람들이 쓰던 석기와 동물 뼛조각들이었어. 또 평안남도 덕천군과 평양시 역포구 대현동에서는 약 10만 년 전에 살았던 것으로 추정되는 사람의 뼈가 발견되었단다. 그렇다면 이들이 우리 민족의 시조일까?

그렇지 않단다. 인류가 진화해 온 과정에 따르면, 오늘날의 우리 인간은 호모 사피엔스 사피엔스에 속해. 인간은 수백만 년에 걸쳐 여러 단계의 진화를 거듭한 끝에, 지금부터 약 4만 년 전 호모 사피엔스 사피엔스에 이르렀어. 그러니까 10만 년 전에 살았던 종은 우리 민족의 시조일 수가 없는 거지.

【몽골 인종 등장하다】

호모 사피엔스 사피엔스는 처음에 아프리카에서 태어나 점차 전 지구로 퍼져 나가기 시작했어. 그리고 지역마다 다른 환경에 적응하면서 진화하여 흑인종·황인종·백인종으로 나뉘었어. 그중에서 아시아 대륙 북쪽에 있는 몽골 지방의 바이칼 호수 부근으로 이동한 종이 황인종이야. 그들이 터전을 일구고 살았던 곳이 오늘날의 몽골 지역이기 때문에 황인종을 몽골 인종이라고도 하지.

몽골 인종 가운데 일부는 다시 바이칼 호수 지역을 떠나 기후가 따뜻한 남쪽으로 내려오기 시작한단다. 그 가운데 한 종족이 한반도에 이르렀어. 이들을 북방계 몽골 인종이라고 하지.

단일 민족 13

그런데 한반도에는 북방에서 내려온 사람들만 살았던 건 아니야. 바이칼 호수에서 남쪽으로 내려와 중국으로 들어가서 중국의 한족을 형성한 종족이 있었어. 그 한족 가운데 일부가 동쪽 한반도로 이동한 경우도 있었지. 또 몽골 인종 가운데 남쪽의 인도나 동남아시아로 옮겨 가 살다가 그중 일부가 바다를 거쳐 한반도로 들어오기도 했어. 이들을 남방계 몽골 인종이라고 한단다.

이렇게 우리 민족은 애초부터 북방 몽골 인종, 중국 한족, 남방 몽골 인종 등이 두루 섞여 이루어졌어. 따라서 우리 민족을 단일 민족이라고 하는 것은 올바른 표현이 아니지.

1980년 평양시 만달리의 한 동굴에서 사람 뼈가 발견되었는데, 조사해 본 결과 약 2만 년 전에 살았던 호모 사피엔스 사피엔스 종으로 밝혀졌어. 따라서 그가 바로 여러 곳에서 한반도로 이주해 와 우리 민족의 시조를 이룬 사람들 가운데 하나였을 것으로 추정하고 있지.

북방계 몽골 인종과 남방계 몽골 인종이 뒤섞여 우리 민족이 형성되었다는 사실은 오늘날 우리 자신의 얼굴 모습을 보면 알 수 있어. 북방계는 추위에서 눈을 보호하기 위해 눈이 가늘고 쌍꺼풀이 없도록 진화했어. 반면에 남방계는 눈이 크고 쌍꺼풀이 있지. 입술도 북방계는 가늘지만 남방계는 두툼하단다. 너희들은 과연 어느 쪽인지 거울을 보고 한번 살펴보렴.

이렇게 보면 우리가 단일 민족이라고 내세워야 할 이유는 별로 없단다. 잘 살펴보면 우리가 단일 민족이라는 근거가 약하기 때문이야. 또 우리가 설령 단일 민족이라 해도 그것이 남에게 내세울 자랑거리는 아니야. 세계 모든 민족이 우리와 함께 살아가야 할 이웃이라고 생각한다면, 굳이 우리가 '단일'이라는 말을 내세워 남들과 벽을 쌓을 필요는 없지 않겠니?

키워드 02

선사 시대와 역사 시대

역사 시대는 언제부터 시작되었을까

역사책을 펴면 처음 만나게 되는 단어가 '선사 시대'일 거야. 그런데 선사 시대란 무슨 뜻일까? 선사 시대는 '역사 시대 이전의 시대'라는 뜻이란다. 역사 시대는 '문자로 기록된 시대'를 뜻해. 그렇다면 선사 시대는 곧 '문자가 생기기 이전의 시대'를 가리키지. 문자로 쓴 기록이 남아 있지 않아서 유물이나 유적을 통해서만 당시의 모습을 알아낼 수 있어. 그렇다면 우리 민족의 역사 시대는 언제부터 시작되었을까?

【 선사와 역사의 차이 】

예를 들어 이야기해 볼게. 수사관이 범죄 현장에 출동해 보니 범인이 흔적을 남기고 사라졌어. 범인은 둘인데, 한 명은 지문과 머리카락 한 올을 남겼고 다른 한 명은 수첩을 떨어뜨리고 갔어. 만약 너희가 수사관이라면 범인을 어떻게 찾아내야 할까?

먼저 이렇게 증거물이 다르면 두 범인을 찾아내는 방법도 당연히 달라지겠지? 지문과 머리카락을 남긴 범인을 찾아내려면 범인으로 의심되는 사람들의 지문과 머리카락 중에서 범인의 것과 같은 것을 찾아내는 방식으로 수사해야겠지. 수첩을 떨어뜨린 범인은 수첩에 적혀 있는 범인의 메모나 주변

인물의 전화번호 같은 정보를 바탕으로 찾아내야 할 테고. 역사에서는 이처럼 지문과 머리카락에 해당하는 유물과 유적만을 남긴 시대가 선사 시대이고, 수첩에 적혀 있는 것처럼 문자 기록을 남긴 시대가 역사 시대란다.

문자 기록 없이 오로지 유물과 유적만 남긴 선사 시대를 주로 연구하는 학문이 고고학이야. 너희들도 간혹 고고학자들이 땅에 줄을 쳐 놓고 조심스럽게 흙을 파내는 모습을 본 적이 있을 거야. 반면에 역사학자들은 주로 연구실에서 옛날 문서들을 읽고 해석하는 데 더 많은 시간을 보낸단다.

【 우리나라 역사 시대의 출발점 】

그럼 우리나라에서는 언제부터 역사 시대가 시작되었을까? 이 질문은 곧 문자로 맨 처음 기록된 우리 역사는 언제인가라는 물음과 같겠지. 그런데 이 물음에 대한 답은 그리 간단하지가 않단다.

경기도 하남시 미사리 선사 유적 발굴 조사 광경

우리 조상은 처음에 중국의 한자를 빌려다 문자로 사용했어. 중국에서 한자로 처음 기록하기 시작한 때는 지금부터 약 3천 년 전이야. 우리 조상들은 그 뒤 어느 때부터인가 한자를 배워 한자로 쓴 기록을 남겼겠지. 그런데 불행하게도 그 가운데 지금까지 남아 있는 것은 아주 적단다.

우리 조상들이 남긴 가장 오래된 기록은 고구려·백제·신라 삼국 시대에 세운 비석에 새긴 글이나 무덤 속 벽에 적은 글들이란다. 그중에서 가장 오래된 것은 광개토 대왕비의 비문이야. 광개토 대왕비는 서기 414년에 세웠는데, 비석 겉면에 1,775자의 한자로 고구려의 역사와 광개토 대왕의 업적을 새겼지. 그렇다면 우리의 역사 시대는 서기 414년부터 시작되는 걸까?

그렇지는 않아. 중국 사람들이 삼국 시대 이전에 기록한 문서나 책들 속에 우리나라에 관한 내용이 들어 있거든. 이를테면 중국의 사마천이라는 역사가가 쓴 『사기』라는 역사책에 우리 민족의 첫 나라 고조선에 관한

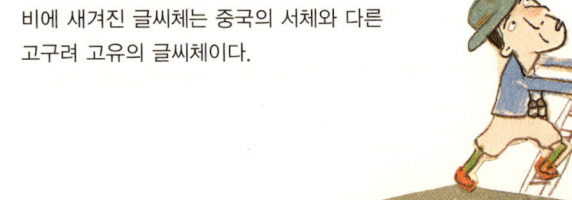

광개토 대왕비(왼쪽)와 탁본(오른쪽)
414년에 광개토 대왕의 아들 장수왕이 세운 비석이다. 중국 길림성 집안에 있다. 높이가 6.39미터로, 보통 사람 키의 약 4배나 되는 엄청난 크기의 자연석을 그대로 써서 웅장하고 거친 맛을 냈다. 비에 새겨진 글씨체는 중국의 서체와 다른 고구려 고유의 글씨체이다.

글이 담겨 있어. 『사기』는 기원전 100년을 전후한 무렵에 쓰여진 역사책이란다. 그 이전인 기원전 3세기 무렵 중국 사람이 쓴 『관자』라는 역사책에도 고조선이 중국과 교역을 했다는 내용이 쓰여 있어. 우리가 썼든 남이 썼든 구분하지 않는다면, 우리 역사 시대의 출발점은 기원전 3세기 무렵이 되는 걸까?

그렇게 단정할 수는 없단다. 『관자』의 내용은 기록을 남긴 사람이 직접 경험한 사실이 아니라, 다른 책에서 보았거나 다른 이들에게 들은 먼 옛날 이야기를 기록한 거야. 따라서 글쓴이나 말을 전해 준 이의 기억이 분명하지 않을 수도 있고, 일부러 과장하거나 거짓으로 꾸민 것일 수도 있어. 그래서 『관자』에 기록된 내용은 참인지 거짓인지 더 따져 볼 필요가 있어.

하지만 사마천이 『사기』에 기원전 108년 고조선이 멸망한 과정을 기록한 내용은 사건이 일어난 지 얼마 지나지 않아 기록한 것이고 설명도 아주 구체적이어서, 거의 의심할 여지가 없는 사실로 받아들여지고 있어. 그래서 적어도 기원전 100년을 전후한 무렵부터 우리 민족의 역사 시대가 시작되었다고 할 수 있단다.

선사 시대와 역사 시대

키워드 03 　석기·청동기·철기

왜 도구의 재료로 시대를 나눌까

선사 시대는 아주 긴 시대였어. 예를 들어 인류의 역사를 300쪽짜리 책 한 권에 비유한다면, 1쪽에서 299쪽까지가 선사 시대이고 역사 시대는 마지막 1쪽 분량밖에 안 된단다. 선사 시대가 그렇게 긴 만큼 그 안에는 몇 번의 발전 단계가 있었겠지? 그 발전 단계를 어떻게 구분할 것인지 여러 학자들이 고민하고 있었어. 그때 톰센이라는 사람이 나타나서 석기·청동기·철기 시대로 나누자고 했어. 그 뒤로 모두들 톰센의 의견을 따르게 되었지. 톰센은 어떻게 이런 생각을 하게 되었을까?

【 톰센 이야기 】

크리스티안 톰센은 1788년 덴마크의 수도 코펜하겐에서 부잣집 아들로 태어났어. 톰센은 어려서부터 골동품을 모으는 데 남다른 취미가 있었대. 그러더니 성장하면서 자연스레 골동품 수집가가 되었다는구나.

그 무렵 덴마크 왕실에서는 왕실 창고에 쌓여 있는 골동품을 정리할 사람을 찾고 있었어. 덴마크는 옛날 바이킹들이 본거지로 삼아 활동했던 곳

이어서 여러 가지 귀중한 유물이 많았던 거야. 덴마크 왕실은 그 일에 딱 맞는 사람이 바로 톰센이라고 생각했지. 그래서 1816년, 톰센은 역사학이나 고고학 같은 학문을 정식으로 공부하지 않았는데도 '왕립 고대 유물 보존 위원회'의 책임자가 되었어.

그런데 유물 창고에 들어가 본 톰센은 한숨이 절로 나왔어. 바이킹의 유물 같은 역사 시대 유물은 시대별로 분류하기가 쉬웠지만, 아무 기록이 없는 선사 시대 유물은 그저 돌덩이나 쇠붙이로만 보여서 도무지 뭐가 뭔지 모르겠던 거야. 어느 것이 앞선 시대의 유물이고 어느 것이 뒤 시대의 유물인지 구별할 수 없는 건 말할 필요도 없고 말이지.

그러던 어느 날, 유물 더미 속에서 머리를 끙끙 싸매고 있던 톰센에게 갑자기 좋은 생각이 떠올랐어. 유물을 일단 재료별로 나눠 보자는 거였지. 살펴보니 선사 시대 유물의 재료는 대체로 돌, 청동, 철 이렇게 세 가지였어.

이렇게 세 덩어리로 나누어 놓고 보니까 바로 그 재료의 순서대로 시대가 발달했다는 것을 알 수 있었어. 그래서 톰센은 선사 시대를 세 시대로 나누었어. 돌로 만든 도구를 쓰던 석기 시대, 청동으로 만든 도구를 쓰던 청동기 시대, 철로 만든 도구를 쓰던 철기 시대로 말이야.

톰센이 자신의 시대 구분법을 글로 발표하자 많은 사람들이 톰센의 주장을 받아들였어. 톰센의 시대 구분법은 머지않아 세계 대부분의 나라로 퍼졌지. 그 뒤 석기 시대는 그 시기가 너무 길어 구석기 시대와 신석기 시대로 나누었어. 오늘날 우리도 우리나라의 선사 시대를 이 분류 방식에 따라 나누고 있단다.

【 톰센을 뛰어넘자 】

톰센의 시대 구분법은 당시에 쓰던 도구의 재료로 그 시대의 이름을 붙인 거야. 이런 방식은 시대를 알기 쉽게 나누어 주기 때문에 아주 편리하지.

하지만 톰센의 시대 구분법은 그 시대 전체의 특성을 가리키는 용어라고 보기는 힘들어. 이를테면 우리가 석기 시대라고 일컫는 시대에 사람들은 식물의 뿌리를 캐 먹거나 바닷가에서 조개를 잡아먹으며 살았어. 또 처음으로 불을 사용하는 방법을 알아내 추위를 이겨 내고, 사냥한 동물의 고기를 불에 익혀 먹었어. 그리고 같은 핏줄끼리 무리를 이루어 살았지. 이러한 여러 가지 특징을 돌로 만든 도구를 뜻하는 '석기'라는 단 한 마디에 전부 담을 수는 없지 않겠니?

또 같은 선사 시대라도 지역과 나라마다 사정이 달라서 제각기 독특한 문화를 만들어 냈는데, 그것을 구별하지 않고 한데 뭉뚱그려 단순하게 석기 시대·청동기 시대·철기 시대라고 부르는 것도 문제가 있어. 오늘날 각 나라의 역사 시대는 각자의 왕조 이름으로 구분하는 것이 보통이야. 이를

테면 우리나라는 삼국·남북국·고려·조선 시대로 이어졌고, 중국은 진·한·수·당·송·원·명·청 나라로 이어졌지. 그런데 선사 시대만은 우리나라 중국이나 똑같이 석기·청동기·철기 시대로 획일적으로 구분하는 것은 각 나라의 개성을 살리지 못하는 방법이야.

톰센이 만든 시대 구분법은 선사 시대를 도구의 발달 순서에 따라 바라볼 수 있게 해 준 커다란 업적임에 틀림없어. 그렇지만 우리는 거기에 만족하지 말고, 도구의 발달뿐만 아니라 각 지역에 살던 사람들의 생활과 문화가 어떠했는지를 종합해서 판단해야 돼. 그래서 그것에 걸맞은 각각의 시대 이름을 붙여 줄 수 있도록 노력해야 한단다.

키워드 04 **구석기 시대**

구석기 사람들은 어떻게 살았을까

우리 인류가 돌로 도구를 만들어 쓰기 시작한 때는 지금부터 약 250만 년 전이야. 처음에는 아주 원시적인 석기를 사용했어. 단순히 돌을 깨뜨리거나 적당히 떼어 내서 사용했지. 이때를 구석기 시대라고 해. 세계 각 지역에 흩어져 살던 구석기 사람들은 각자가 처한 환경에 적응하면서 저마다 독특한 구석기 문화를 만들어 냈어. 한반도에도 오래전부터 구석기 사람들이 살았어. 그들을 둘러싼 한반도의 자연 환경은 당시의 다른 지역은 물론 오늘날과도 사뭇 달랐단다.

【 빙하기의 한반도 모습 】

우리나라의 구석기 시대는 지금부터 70만 년 전으로 거슬러 올라가. 충청북도 단양에 있는 금굴이라는 동굴에서 석기가 발견되었는데, 약 70만 년 전의 석기로 밝혀졌기 때문이야.

70만 년 전의 한반도는 지금과는 전혀 달랐어. 그때 한반도는 추운 빙하기에 있었어. 빙하기에는 지금보다 훨씬 춥고 비도 많이 오지 않았지. 따라서 그때의 땅 모양은 지금과 많이 달랐단다. 육지의 강물이 대부분 얼어 버리는 바람에 바다로 흘러드는 물이 적어서 바다가 바닥을 드러냈지. 오늘날의 서해 바다도 물이 빠지고 땅이 드러나 있었어. 중국과 한반도가 육지로 이어져 있었던 거야. 제주도는 섬이 아니라 육지에 높이 솟은 산이었고, 일본과도 지금의 남해안과 육지로 연결돼 있었어. 그러니까 중국에서 한반도를 거쳐 일본까지 걸어서 갈 수 있었던 거지.

육지에는 숲이 적고 대부분 초원이 형성되어 있었어. 산 중턱에나 추운 기온에 잘 견디는 소나무 종류가 간간이 숲을 이루고 있었지. 높은 산에 있는 바위들은 얼었다 녹았다 되풀이하면서 금이 가고 일부분이 부서져 내려 기이한 모습으로 변하고, 깎아지른 듯한 낭떠러지를 이루었어.

하지만 빙하기가 끝나고 날씨가 따뜻해지면 대지는 푸르러졌지. 푸른 나무에는 사람이 먹을 수 있는 열매가 열리고, 빙하가 녹은 강과 바다에서는 물고기들이 헤엄쳤어. 이때를 간빙기라고 해. 그런데 살기 좋은 간빙기가 계속되지는 않았어. 또다시 추운 빙하기가 닥쳐왔거든. 한반도에 살던 인류는 이렇게 빙하기와 간빙기를 여러 번 거치면서 환경에 적응해 갔단다.

【동굴을 집으로 삼아】

구석기 시대에 살았던 인류의 흔적은 주로 한반도 곳곳에 있는 동굴에서 발견되었어. 충청북도 단양의 금굴에서는 70만 년 전 사람들이 쓰던 석기들이 발견되었지. 돌을 다른 돌로 내리치면 조각이 떨어져 나가고 날카로운

단양 금굴 우리나라에서 가장 오래된 구석기 문화 유적으로, 청동기 시대까지 사람들이 살았다.

날이 생겼어. 이것을 도끼로 삼았지. 또 부딪쳐서 떨어져 나온 조각 중에도 날이 제법 날카로운 것이 있었어. 이것을 칼로 삼아 가죽을 벗겨 내고 고기를 썰었지. 이런 석기를 '뗀석기'라고 해.

슴베찌르개
긴 자루에 달아 창처럼 찌르는 무기로 사용했다.

평안남도 상원군의 검은모루 동굴에서는 50만 년 전에 살았던 동물들의 뼈가 많이 발견되었단다. 원숭이, 물소, 그리고 지금은 멸종되고 없는 큰쌍코뿔이 등의 뼈였어. 아마도 당시 사람들이 사냥해서 잡아먹고 남은 뼈를 버린 걸 거야.

평안남도 덕천군의 승리산 동굴과 충청북도 청원군의 두루봉 동굴에서는 사람의 뼈가 발견되었어. 약 4만 년 전에 살던 사람의 뼈로 밝혀졌지. 또 평양의 만달리 동굴에서도 약 2만 년 전의 사람 뼈가 발견되었어.

이처럼 구석기 사람들의 흔적이 주로 동굴에서 발견되는 까닭은 당시 사람들이 추위와 맹수를 피하기 위해 동굴에서 살았기 때문이야. 구석기 사람들은 동굴에서 살다가 차츰 평지로 나와 물가의 언덕에서 살기 시작했어. 충청남도 공주 석장리, 충청북도 단양 수양개, 경기도 연천 전곡리 등에서 구석기 유적지가 발견되었는데, 각각 금강, 남한강, 한탄강의 강변 언덕이었어. 구석기 사람들은 강가 근처에 나무줄기와 식물 덩굴을 막 얽어서 '막집'을 짓고 살았지.

쌍코뿔이 아래턱뼈
청원군 두루봉 동굴에서 발견된 것으로, 사냥의 흔적을 보여 준다.

【주식은 나무 열매나 식물의 뿌리】

동굴에서 여러 동물의 뼈가 발견되는 것을 보면, 아마도 그때 사람들은 동물을 사냥해서 고기는 먹고 가죽으로는 옷이나 천막을 만들었을 거야. 구석기 사람들은 어느 때부터인가 불을 사용할 줄 알게 되었어. 그다음부터는 잡아 온 동물의 고기를 불에 익혀 먹었지. 불을 사용해 추위도 피하고 맹수도 쫓을 수 있었어. 불을 사용하면서부터 가족이 늘어나고 큰 무리를 이루어 집단 생활을 하게 되었지.

그런데 뗀석기를 가지고 큰 짐승을 사냥하기란 쉬운 일이 아니었단다. 아주 가끔, 그것도 많은 사람들이 한꺼번에 달려들어야 겨우 짐승 한 마리를 잡을까 말까였어. 따라서 대부분의 먹을거리는 나무 열매나 식물의 뿌리였단다. 야생에서 자라는 조나 수수 같은 곡식도 따 먹었지. 하지만 그런 곡식은 작은 낟알의 껍질을 벗기기가 쉽지 않아서 아직 주식은 되지 못했어. 그러다 보니 손쉽게 얻을 수 있는 야생 열매와 뿌리는 금세 바닥이 나곤 했지. 그러면 구석기 사람들은 삶의 터를 옮겨야 했어. 이렇게 자주 옮겨 다니는 생활을 하다 보니 살림살이가 간단해야 했지.

구석기 사람들은 강가나 바닷가에서 물고기를 잡아먹기도 했어. 그렇지만 물고기를 잡을 기회는 흔하지 않았어. 강은 얼어 있는 때가 많았고 먼바다로 나갈 배도 아직 만들 줄 몰랐기 때문이야. 또 낚시나 그물도 없이 재빠른 물고기를 잡는 것은 짐승 사냥만큼이나 힘든 일이었어. 그래서 채집하기 쉬운 조개나 굴을 주로 따 먹었단다.

【마음만은 우리와 같아요】

충청북도 청원군 두루봉 동굴에서는 다섯 살 남짓한 어린아이의 뼈가 발견되었어. 약 4만 년 전 구석기 시대에 살았던 아이로 추측하고 있지. 그런데 뼈 주변에서 국화꽃 가루가 발견되었단다. 아이가 죽자 엄마 아빠가 슬퍼하며 그 곁에 국화꽃을 놓아두었던 건 아닐까? 만약 그렇다면 그 구석기 사람들의 마음속에는 여느 동물들과는 다른 인간만의 따뜻한 마음이 이미 깃들어 있었다고 할 수 있지.

한반도에 살았던 구석기 사람들은 비록 가죽으로 몸을 두르고 야생에서 얻은 거친 음식을 먹으며 원시 생활을 했지만, 험한 자연과 싸우며 터득한 생존의 지혜는 머지않아 등장할 신석기 사람들에게 그대로 전해졌단다.

키워드 05 　신석기 혁명

인류 역사를 뒤바꾼 농업 발명

오랜 구석기 시대가 지나고 기원전 1만 년이 되었을 무렵, 자연 환경에 큰 변화가 닥쳐왔어. 몇만 년 동안이나 계속되던 빙하기가 끝나고 다시 따뜻한 시기가 돌아온 거야. 그런데 이번에 돌아온 간빙기에는 기후만 따뜻해진 게 아니라 크나큰 변화의 물결까지 몰려왔단다. 바로 농사짓기를 발명한 거야.

농사를 짓기 시작하면서부터 사람들은 이제 더 이상 떠돌아다니지 않고 한곳에 머물러 살게 되었어. 그 뒤로 여러 가지 면에서 많은 변화가 일어났지. 인류의 삶을 획기적으로 바꾸어 놓은 이러한 변화를 통틀어 '신석기 혁명'이라고 한단다.

【 빙하기가 물러가고 바다가 몰려오다 】

빙하기가 물러가고 기온이 올라가자 가장 먼저 변화가 일어난 것은 자연 환경이었어. 빙하기 동안 얼어붙어 있던 많은 얼음이 녹기 시작했어. 그러자 바닷물이 많아져서 해수면이 점점 높아졌고, 그런 만큼 얕은 땅은 물에 잠겨 버렸지.

한반도에서는 서쪽 낮은 지대가 바닷물에 잠기기 시작해 아주 넓은 바다가 만들어졌어. 그것이 바로 서해란다. 이제 중국과는 서해 바다를 사이에 두고 갈라지게 된 거지. 제주도는 섬이 되고, 일본과 이어지던 남쪽 땅도 물에 잠겨 오늘날의 대한해협이 만들어졌어. 말하자면 오늘날 우리가 살고 있는 것처럼 삼면이 바다로 둘러싸인 한반도 모양이 갖추어지게 된 거야.

기온이 올라가고 비가 자주 내려 물이 많아지자 온갖 식물과 동물이 번성하기 시작했어. 높은 산에는 여전히 소나무가 많았지만 들판과 산기슭에는 참나무·단풍나무·느티나무처럼 따뜻한 기후에 사는 잎 넓은 나무들이 빽빽하게 들어찼지. 숲이 우거지자 그곳에 사는 동물도 많아졌어. 특히 사슴과 노루가 많아지고 물소도 살았지.

한반도에서는 물고기와 조개도 아주 풍부해졌단다. 삼면이 바다로 둘러싸이고 서해안과 남해안에는 해안선이 꼬불꼬불 들락거리는 모양이 만들어졌어. 이런 해안을 리아스식 해안이라고 하는데, 물고기가 살기에 아주 좋은 환경이지. 바닷가에는 넓은 갯벌이 생겨서 조개와 게가 살기에 좋은 환경을 만들어 주었어.

【 뗀석기에서 간석기로 】

자연 환경이 이렇게 바뀌자 한반도에 살던 인류는 먹을거리가 풍부해졌어. 구석기 시대처럼 여전히 나무 열매와 식물 뿌리를 주로 먹었지만, 전처럼 멀리 돌아다니지 않아도 될 만큼 먹을거리가 주위에 널려 있었어. 사슴과 노루가 많아지자 사냥하기도 훨씬 쉬워졌지. 무엇보다도 강가나 바닷가 갯벌에서 굴이라든가 홍합을 손쉽게 구할 수 있었어.

먹을거리를 쉽게 얻을 수 있게 되자 이제 사람들에게는 여유가 생겼어. 곧 생각할 시간이 많아졌다는 얘기지. 그래서 먹이를 좀 더 쉽게 구하기 위해 도구를 가다듬기 시작했어. 구석기 시대에는 단순히 돌을 조각내서 뗀석기를 만들었지만, 이제는 뗀석기를 갈아서 날을 더욱 날카롭게 세운 돌칼과 돌도끼 따위를 만들었어. 이것을 '간석기'라고 해. 뗀석기와 다른 간석기를 새로 만들어 썼다고 해서 이 시기를 신석기 시대라고 부른단다.

돌칼

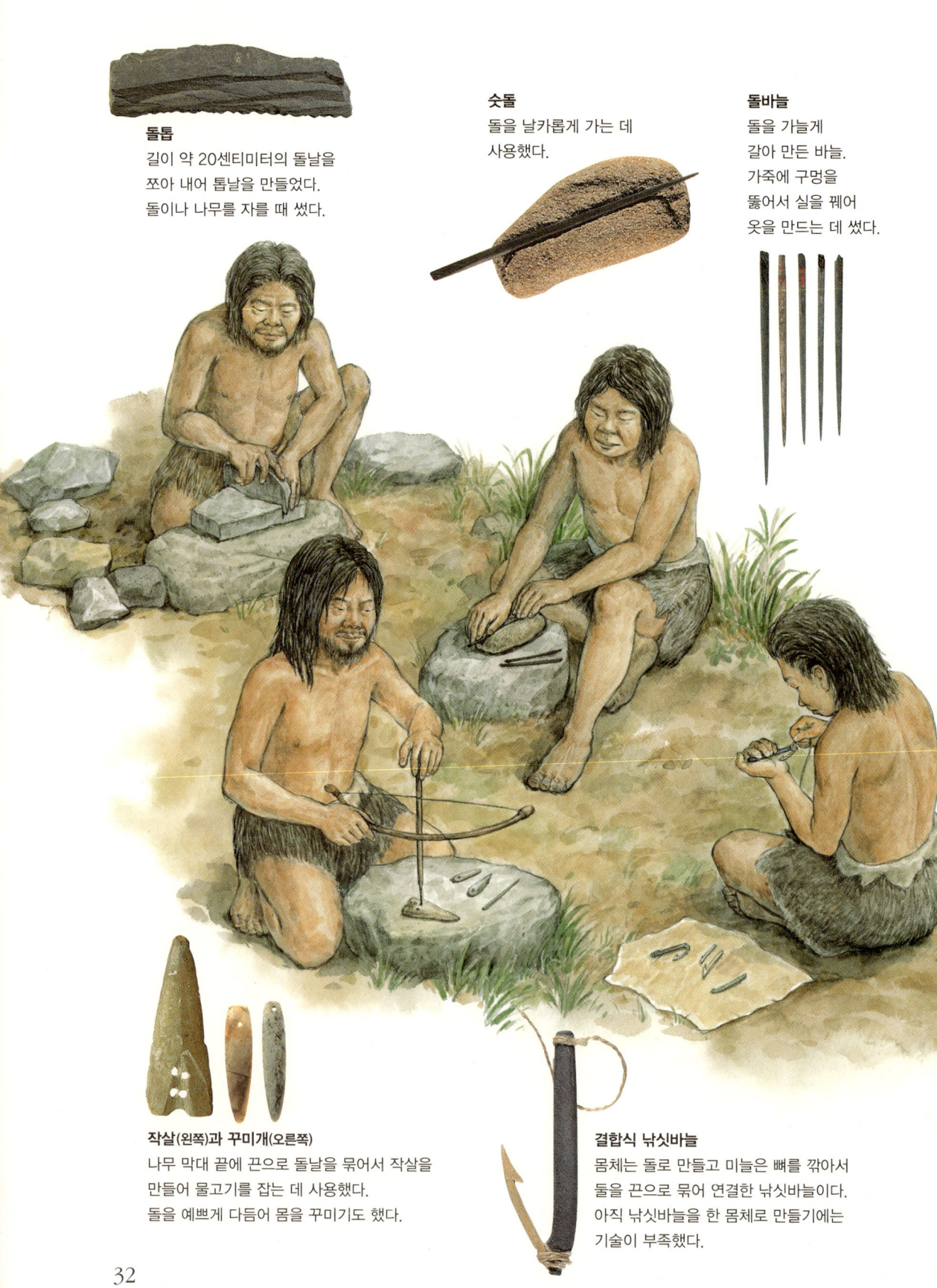

돌톱
길이 약 20센티미터의 돌날을 쪼아 내어 톱날을 만들었다. 돌이나 나무를 자를 때 썼다.

숫돌
돌을 날카롭게 가는 데 사용했다.

돌바늘
돌을 가늘게 갈아 만든 바늘. 가죽에 구멍을 뚫어서 실을 꿰어 옷을 만드는 데 썼다.

작살(왼쪽)과 꾸미개(오른쪽)
나무 막대 끝에 끈으로 돌날을 묶어서 작살을 만들어 물고기를 잡는 데 사용했다. 돌을 예쁘게 다듬어 몸을 꾸미기도 했다.

결합식 낚싯바늘
몸체는 돌로 만들고 미늘은 뼈를 깎아서 둘을 끈으로 묶어 연결한 낚싯바늘이다. 아직 낚싯바늘을 한 몸체로 만들기에는 기술이 부족했다.

신석기 시대에는 새로운 사냥 도구도 발명됐어. 바로 활과 화살이야. 활과 화살은 아무리 빠른 동물이라도 손쉽게 잡을 수 있는 최신식 사냥 도구였지. 신석기 사람들은 또 물고기를 잡기 위해 동물의 뼈를 깎아 낚싯바늘을 만들고, 돌로 만든 추를 매단 그물을 만들기도 했단다.

【 농업을 발명하다 】

먹을거리가 풍부해지자 사람들은 이제 예전처럼 먹을거리를 찾아 자주 옮겨 다닐 필요가 적어졌어. 그러자 여유가 생겨 주변을 찬찬히 둘러보기 시작했지. 그러다가 우연히 인류의 눈에 띈 것이 땅에 떨어진 곡식의 낟알이었어. 씨앗 한 톨에서 얼마 뒤 새싹이 나오고 그것이 자라 수십, 수백 개의 낟알이 열렸던 거야. 그래서 낟알을 땅에 가지런히 뿌리고 물을 주며 기다렸더니, 거기에서 싹이 트고 줄기가 자라 많은 양의 곡식을 거둘 수 있었어. 바로 농업을 발명한 거지.

지금 보면 하찮은 것 같지만, 농업 발명이 인류에게 가져다준 변화는 무척 큰 것이었단다. 무엇보다도 인류는 이제 먹을거리 걱정을 크게 덜게 되었어. 추수를 하고 나면 다 나누어 먹고도 곡식이 남았지. 그래서 사람들은 더 이상 옮겨 다니지 않고 한곳에 머물며 마을을 이루어 살게 되었어. 서울 강동구 암사동 한강 변에는 그 무렵 강가에 모여 살았던 신석기 마을의 흔적이 남아 있단다.

마을을 이루어 살던 사람들은 전에는 사냥 대상이었던 짐승들 가운데 일부를 길들여 기르기 시작했어. 멧돼지를 길들여서 집돼지를 만든 거야. 그러자 사냥에 들이던 수고를 한결 덜 수 있었지. 뿐만 아니라 늑대를 길들인 개는 가축들이 달아나지 못하게 지키는 일을 해서 일손을 한층 덜어 주었어. 이렇게 농업의 발명과 함께 우리 인류는 식생활에서 그 이전 수백만 년 동안 이루지 못했던 엄청난 발전을 이루었단다.

농업의 발명으로 생산량이 늘어나면서 인류의 살림살이는 더욱 풍부해졌어. 그래서 사람들은 각자 하는 일을 나누게 되었지. 농기구를 만드는 사람, 토기를 만드는 사람, 옷을 만드는 사람 등으로 말이야. 이처럼 한 마을 안에서 여러 가지 전문화한 일들이 생기면서 마을은 점점 더 복잡해졌어. 나중에는 이 마을이 커져서 도시로, 도시가 커져서 국가로 발전하게 돼. 이렇게 만들어진 문화를 통틀어 '문명'이라고 한단다.

뿔괭이 사슴뿔을 손질해서 만든 괭이로, 나무뿌리나 돌, 잡초 등을 캐낼 때 쓰인 것으로 보인다.

돌괭이 씨를 뿌리기 위해 땅을 파는 도구이다. 자루 없이 손으로 잡고 사용하거나 자루에 ㄱ 자 모양으로 묶어서 사용했을 것으로 보인다.

돌보습 오늘날의 삽 모양 도구로, 땅을 깊게 파서 일구는 데 썼다.

농업 발명이 엄청난 까닭은 이와 같이 인류가 문명을 이룰 수 있는 터전을 만들어 주었기 때문이야. 만약 우리 조상들이 농업을 발명하지 않았다면 오늘 우리가 이 자리에 있을 수도 없겠지!

【 확 바뀐 일상생활 】

한반도의 신석기 시대 사람들이 농사를 지은 곡식은 주로 조나 수수 같은 잡곡이었어. 씨를 뿌릴 때 땅이 부드러워야 뿌리를 내리기 좋으니까 땅을 일굴 농기구가 필요했지. 그래서 돌괭이, 돌삽, 돌보습 따위를 만들었어. 곡식을 거둘 때 줄기를 잘 자를 수 있도록 날카로운 날이 달린 돌낫도 만들었지.

한편 삼이라는 식물을 이용해 옷감 만드는 기술을 개발했어. 삼의 속껍질은 가느다란 섬유질로 되어 있어서 질기고 튼튼하단다. 그 속껍질을 가늘게 쪼개서 짧은 실뭉치를 한 다발 만들고, 이 섬유를 가락바퀴로 꼬아 길게 이으면 삼실이 되었어. 삼실을 한 올씩 각각 가로 방향과 세로 방향으로 교차시켜 옷감을 짰지. 이 옷감을 몸에 맞게 재단하고 짐승 뼈로 만든 뼈바늘에 실을 꿰어 바느질을 하면 삼베옷이 만들어지는 거야. 신석기 사람들은 이렇게 의복 생활도 점점 풍부하게 만들어 갔어.

신석기 시대 사람들이 만든 또 하나의 위대한 발명품은 바로 토기란다. 이전까지는 식물의 열매나 뿌리를 먹고 짐승이나 물고기를 잡아서 불에 구워 먹었기 때문에 굳이 그릇을 쓸 필요는 없었지. 하지만 농사를 지어 가을에 많은 곡식을 거두게 되면서부터는 저장할 그릇이 필요해진 거야. 이 시기의 대표적인 토기는 빗살무늬 토기란다.

살림살이가 늘어나고 가족 단위로 모여 살게 되니 집도 마련해야 했어. 그렇지만 아직은 기둥을 높이 세우고 벽을 만드는 기술이 없었어. 그래서

꾸미개 조가비로 팔찌를 만들고, 짐승의 송곳니로 발찌를 만들어 몸을 치장했다.

그물추 납작하고 둥근 돌멩이의 가운데를 잘록하게 만들어 그물을 맬 수 있게 했다. 그물추를 그물 아래에 매달면 그물 끝자락이 물속으로 쉽게 가라앉는다.

 땅을 둥글게 파고 한가운데에 기둥을 세워 서까래를 얹은 다음, 그 위에 풀이나 짚, 짐승 가죽 따위로 지붕을 얹는 방식으로 집을 지었어. 이런 집을 '움집'이라고 해. 땅을 파고 지은 움집은 겨울에는 따뜻하고 여름에는 시원해서 이전에 살던 동굴보다 훨씬 살기 좋았지.

 우리 조상은 이렇게 선사 시대를 지나 점차 역사 시대로 나아가고 있었단다.

신석기 혁명 37

키워드 +

빗살무늬 토기

왜 그릇에 빗살무늬를 새겼을까

농업을 발명한 신석기 혁명이 일어나면서 생긴 변화 가운데 하나가 토기를 만들기 시작했다는 거야. 흙으로 만든 그릇이라고 해서 토기라고 하지.

농사를 짓기 시작한 신석기 시대 사람들은 곡식을 담을 그릇이 필요했어. 곡식 낟알이 아주 작아서 그냥 쌓아 두고 보관할 수는 없거든. 그런데 피워 둔 모닥불에 우연히 진흙이 떨어지면서 그것이 뜨거운 열 때문에 단단하게 굳는 걸 보았어. 그래서 진흙으로 그릇을 빚어 불에 굽게 되었지. 이것이 최초의 토기란다.

처음에는 토기를 주로 곡식을 담아 저장하는 데 썼지만, 곧 음식을 끓이는 데도 이용했을 거야. 곡식 낟알은 그냥 씹으면 딱딱하지만 물에 불려 끓이면 부드러워져서 먹기가 편해지지. 하지만 아직은 토기를 가마에서 굽지 못하고 그저 장작불에 섭씨 600~700도 정도로 가열했기 때문에 토기가 단단하

빗살무늬 토기

《 토기 만들기 》

1 반죽하기
점토(찰흙) 속에 섞여 있는 돌멩이나 나뭇가지 따위를 골라낸 뒤, 흙이 차질 때까지 반죽을 한다.

2 모양 만들기
점토 덩어리를 손으로 잘 눌러 빚거나, 기다란 점토 띠를 감아 올려 만들거나, 반지처럼 테를 만들어 쌓아 모양을 만든다.

지는 않았어. 그러다 보니 토기에 물을 부어 끓이면 토기에서 흙가루가 부서져 나와 음식을 먹을 때 같이 씹혀서 괴로웠겠지. 그래서 토기의 주된 용도는 곡식 저장에 머물러 있었어.

그런데 한반도에서 발견되는 토기에는 특별한 점이 있단다. 그릇 표면에 빗으로 긁은 것 같은 무늬가 새겨져 있다는 거야. 그래서 빗살무늬 토기라고 한단다. 그러면 왜 이런 무늬를 새겼을까? 무늬 없이 밋밋한 것보다는 장식이 있으면 좋겠다고 생각했을지도 모르지만, 그럴 가능성은 별로 없어. 그렇다면 굳이 빗살무늬만 새길 이유가 없었을 테니까.

진흙을 불에 굽다 보면 어느 순간 겉면이 갈라져 터지게 돼. 그런데 겉면에 미리 홈을 파 두면 잘 갈라져 터지지 않는단다. 아마도 이런 이유 때문에 빗살무늬를 새겼던 것 같아.

한편 한반도에서 나오는 빗살무늬 토기는 대부분 밑바닥이 달걀 모양으로 생겼어. 달걀을 바로 세울 수 없듯이 이런 토기는 똑바로 세워 둘 수 없는데, 왜 이런 모양으로 만들었을까?

신석기 시대 사람들은 바닷가나 강가 모래밭에 움집을 짓고 살았어. 달걀 모양 빗살무늬 토기는 강가나 움집의 모랫바닥에 박아 놓기 안성맞춤이었지. 또 어떤 토기에는 구멍이 뚫려 있어서, 그 구멍에 줄을 꿰어 나무 기둥 같은 곳에 걸어 놓았다는 것을 알 수 있단다.

3 다듬기
맨질맨질한 돌로 토기의 안과 밖을 가볍게 두드리거나 눌러서 모양새를 다듬는다.

4 무늬 새기기
가늘고 뾰족한 나뭇조각이나 뼛조각으로 긋거나 눌러서 무늬를 새긴다.

5 말리고 굽기
그늘에서 잘 말린 뒤, 얕게 판 구덩이에 장작과 토기를 놓고 구우면 완성!

키워드 06 | **청동기 시대**

지배 계급이 생겨나다

신석기 시대를 지나면 청동기 시대로 접어들어. 한반도에서는 기원전 2000년에서 1500년 사이에 청동기 시대가 시작되었지. 청동은 인류가 최초로 사용한 쇠붙이야. 자연 그대로의 돌을 다듬어서 쓰던 인류가 광석을 불에 녹여 쇠붙이를 만들어 낸 것은 대단한 발전이었지.

청동기의 발명과 함께 사회에도 큰 변화가 밀려왔어. 다른 모든 사람들 위에 군림하는 지배 계급이 등장한 거야. 과연 청동기와 지배 계급 사이에는 어떤 관계가 있었던 걸까?

【 청동기는 어디에 썼나 】

청동은 구리에 주석을 섞어서 만든 금속이야. 구리만으로 도구를 만들면 너무 물러서 아무 쓸모가 없기 때문에 주석을 섞어 단단하게 만드는 거지. 청동으로 만든 칼이나 창은 돌로 만든 것보다 더 날카롭고 단단해서 강력한 무기가 되었어.

그렇지만 청동으로 만든 도구는 재료가 귀하고 만들기도 어려워서 아무나 쓸 수 없었단다. 그래서 농사짓는 도구는 여전히 돌과 나무로 만들었지. 하지만 이때는 돌을 다듬는 기술이 매우 발달해서, 간석기라 해도 청동으로 만든 것 못지않게 날카롭고 정교했어. 돌칼, 반달 돌칼, 돌낫 등이 청동기 시대의 대표적인 간석기란다.

청동기 시대에도 신석기 시대 끝 무렵처럼 농사가 주된 일이었어. 하지만 농기구가 다양해지고 농사짓는 방법도 더욱 발전했지. 기원전 10세기 무

청동기 시대 도구들 청동기 시대라 해도 돌칼, 돌화살촉, 돌괭이, 돌낫, 반달 돌칼 등 생활 속에서 쓰는 도구들은 여전히 돌로 만들었다. 청동을 생활 도구로 쓰기에는 재료가 아주 귀했기 때문이다.

렵에는 일부 지역에서 벼농사까지 지었단다. 목축도 발전해서 개와 돼지뿐만 아니라 소와 말까지 길렀어.

그런데 청동기 시대에도 여전히 간석기를 농기구로 썼다면, 청동으로는 무엇을 만들어 썼을까?

청동으로는 주로 칼이나 창 같은 무기와 제사 지낼 때 쓰는 청동 거울, 청동 방울 같은 도구를 만들었어. 이러한 청동기는 아주 귀해서 부족의 우두머리처럼 신분이 높은 사람만 가질 수 있었지.

부족의 우두머리는 부족을 이끄는 일 말고도 하늘에 제사 지내는 무당 일까지 맡아서 했어. 주로 농사가 잘되도록 비를 내려 달라는 제사가 많았지. 제사를 지낼 때 하늘과 통하기 위한 신성한 물건으로는 청동 거울과 다양한 청동 방울을 사용했단다. 너희들도 무당이 굿을 할 때 방울을 요란하게 흔드는 모습을 본 적이 있을 거야.

여러 가지 청동기

청동기는 만들기가 어렵고 재료도 충분하지 않아서 주로 제사 때 사용하는 도구나 지배 계급이 몸에 지니는 무기로 쓰였다.

팔주령
제사를 지낼 때 잡고 흔들어 방울 소리를 냄으로써 신을 불러 오는 구실을 했다.

장대끝 방울
긴 장대 끝에 달고, 고리는 수실 따위로 장식하여, 주로 제사를 지낼 때 사용했다.

청동 거울
청동기 시대에 햇빛을 받아 번쩍이는 거울은 신령스러운 물건이었다. 따라서 제사를 지낼 때 사용했다. 왼쪽은 충청남도 아산에서, 오른쪽은 전라남도 화순에서 출토되었다.

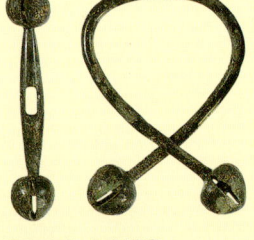

쌍두령과 가지 방울
팔주령과 같은 용도로 쓰였다. 제사장들은 이렇게 여러 가지 모양의 방울 도구를 사용했다.

청동 무기
세형 동검, 비파형 동검, 청동 투겁창, 청동 꺾창 등 청동으로 만든 무기이다. 고조선의 청동검은 비파 모양에서 날이 가는 모양으로 변화했다.

종방울
제사 때 방울 소리를 내는 의례에 사용된 것으로 보인다.

청동 도끼
청동 도끼는 무기로도 쓰고, 나무를 자르는 도구로도 썼다.

나중에 부족장이 죽으면 그가 사용하던 청동기들을 함께 묻어 주었어. 덕분에 오늘날 우리는 청동기 시대 부족장의 무덤에 청동검과 청동 거울, 청동 방울 따위가 함께 묻힌 것을 볼 수 있단다.

【 민무늬 토기 】

청동기 시대에 접어들면서 토기를 만드는 기술도 크게 발전했어. 토기의 두께가 얇아졌는데도 훨씬 단단해진 거야. 빗살무늬 토기에는 주둥이에 특별한 꾸밈이 없었지만 이제는 잘록하게 좁히면서 모양을 만들어 멋도 냈지.

무엇보다도 겉면에 빗살무늬를 새기는 대신 아무 무늬도 넣지 않고 밋밋하게 만들었어. 그래서 '민무늬 토기'라고 한단다. 빗살무늬는 토기를 굽는 도중에 토기 표면이 갈라져 터지는 것을 막으려고 만들었는데, 이제는 굳이 빗살무늬를 새기지 않아도 갈라져 터지지 않을 만큼 높은 온도에서 토기를 굽는 기술을 터득했기 때문이지.

또 민무늬 토기의 바닥은 빗살무늬 토기와 달리 평평하게 만들었어. 신석기 시대에는 주로 강가나 바닷가 모래밭에 지은 움집에서 살았지만, 청동기 시대에는 들판이나 언덕에 집을 지었어. 따라서 집 안 바닥은 모래가 아니라 딱딱하게 굳은 땅이었지. 그러다 보니 이제 토기 바닥도 평평해져야 했던 거야. 이처럼 민무늬 토기는 기술이 발달하고 생활 환경이 이전보다 좋아졌다는 사실을 보여 준단다.

민무늬 토기 청동기 시대 마을 터였던 부여 송국리에서 나온 민무늬 토기들이다.

【고인돌은 지배 계급의 상징】

청동기 시대 마을은 수십 채의 집으로 이루어져 있었어. 마을에는 마을 사람들이 공동으로 쓰는 창고도 있고, 모여서 회의를 하는 큰 건물도 있었지. 그리고 마을 주위에 울타리를 둘러서 이웃 마을이 쳐들어오는 것을 막았어. 신석기 시대보다 마을 규모도 더 커지고 생활도 더 발전한 거야.

하지만 청동기 시대가 구석기·신석기 시대와 가장 크게 달라진 것은 지배 계급이 등장했다는 점이란다. 구석기 시대와 신석기 시대에는 씨족 공동체 사람들 모두가 똑같이 일하고 똑같이 나누어 가졌어. 그래서 지배하는

사람도, 지배당하는 사람도 없는 평등한 사회를 이루며 살았지.

그런데 신석기 시대 끝 무렵 농사짓기가 점점 발달하면서 가을에 추수를 하고 나면 각자 먹을 만큼 나누어 가지고도 곡식이 남았어. 그러다 보니 서로 많이 가지려고 다투게 되었지. 이러한 다툼을 해결해 준 사람은 마을에서 나이가 많은 어른이었어. 경험 많은 어른이 내린 판결에 모두 따라야 했지.

그런데 이런 일이 오랫동안 되풀이되자, 나중에는 개인적으로 점점 많은 재산을 차지하는 사람이 생겨났어. 그래서 많이 가진 집과 덜 가진 집으로 나뉘게 되었지. 그리하여 이제 마을 사람들이 거둔 생산물은 더 이상 공동 재산이 아니게 되었어. 부자 집안이 땅을 차지하고는 가난한 집안 사람들에게 땅을 빌려 주어 농사짓게 하는 일이 벌어지기 시작한 거야.

청동검 거푸집
단단한 돌 두 쪽에 각각 칼의 한 면씩을 파낸 뒤 두 조각을 붙여 틀을 만들고, 그 안에 구리와 주석을 섞은 쇳물을 붓고, 식으면 돌에서 칼을 떼어 내 청동검을 만든다. 쇳물을 붓는 이 틀을 거푸집이라고 한다.

인구가 늘어나 마을이 커지고 사회가 복잡해지자 마을을 운영할 사람이 필요해졌어. 특히 마을 사람들이 힘을 모아 함께 농사를 지어야 했기 때문에 사람들을 불러 모으고 지휘할 우두머리가 필요했지. 결국 재산이 많은 집안의 어른이 부족장이 되어 마을을 이끌어 가게 되었어. 마을 주민들은 부족장의 지시에 복종해야 했지. 부족장이 막강한 권력을 손에 쥐게 된 거야. 부족장과 그 곁에서 부족장을 돕는 이들은 이제 마을을 다스리는 특권층이 되었어. 지배 계급이 된 것이지.

반면 불행한 일을 당해서 남에게 큰 빚을 졌다가 갚지 못해 집과 땅을 빼앗긴 뒤 노예가 되는 사람들이 있었어. 또 씨족 사이의 전쟁에서 지는 바람에 한 씨족이 모두 노예가 되는 경우도 있었지. 이들은 가진 재산이라고는 아무것도 없었고, 목숨마저 주인 마음대로 할 수 있었어. 이들이 부족 사회의 맨 아래층인 피지배 계급을 이루었단다.

이렇게 씨족 공동체에서 부족 사회로 바뀌면서 지배 계급과 피지배 계급으로 나뉜 계급 사회가 나타났어. 지배 계급은 시대가 흐르면서 더 많은 권력과 재산을 차지했지.

《고인돌 만들기》

① 먼저 알맞은 돌을 캐거나 떼어 내, 통나무를 이용해서 무덤 자리로 옮긴다.

② 무덤 자리에다 미리 파 둔 구덩이에 굄돌 2개를 세운다.

③ 굄돌 꼭대기까지 흙을 돋우어 언덕길을 만든 뒤, 덮개돌을 얹는다.

한편 부족장을 비롯한 지배 세력은 살아 있을 때의 부귀와 권력을 죽은 뒤에까지 누리고 싶어 했어. 그래서 자신이 죽은 뒤 거대한 무덤을 만들게 했는데, 그것이 바로 고인돌이란다. 고인돌은 엄청나게 크고 무거워서 몇백 명이 힘을 모아야 움직일 수 있었어. 따라서 고인돌의 크기는 곧 그 사람이 부릴 수 있는 사람들의 수를 가리키는 것이기도 해. 오늘날에도 부자나 높은 자리에 있던 사람의 무덤이 큰 것과 같은 이치라고 할 수 있지.

청동기 시대에 우리 조상들의 기술과 문물은 점점 발달했고, 이에 따라 사회도 더욱 복잡해졌어. 우리 민족이 세운 최초의 나라 고조선이 생긴 것도 바로 이 무렵이란다.

바둑판식 고인돌 전라북도 고창에 있는 고인돌. 땅속에 시신을 묻은 뒤 작은 굄돌 위에 커다란 덮개돌을 얹었다.

탁자식 고인돌 강화 부근리에 있는 고인돌. 2개의 굄돌에 탁자 모양 덮개돌을 얹은 뒤 시신을 안치하고, 앞과 뒤를 막음돌로 막았다. 강화 부근리의 고인돌처럼 우리가 흔히 보는 탁자 모양 고인돌은 앞뒤의 막음돌이 훼손되어 대부분 굄돌 2개만 남아 있다.

4 흙을 치운 뒤, 굄돌 사이에 시신을 안치한다.

5 굄돌 앞과 뒤를 막음돌로 막는다.

키워드 07 　씨족·부족

씨족에서 부족으로

아주 먼 옛날 인류는 유인원에서 인간으로 진화했어. 유인원이란 오랑우탄·침팬지·긴팔원숭이처럼 우리 인간과 비슷하게 생긴 동물을 가리켜. 이들은 대개 강한 수컷이 여러 암컷과 새끼들을 거느리고 무리를 지어 살아가지.

수백만 년 전의 인류도 유인원과 크게 다르지 않았어. 하지만 인류는 원시 무리 사회 단계에서 점차 벗어나 씨족 공동체를 이루고, 이어 부족 사회로 성장해 갔단다. 이때 씨족과 부족의 차이는 무엇이었을까?

【원시 무리에서 씨족 공동체로】

기원전 4만 년, 구석기 시대 끝 무렵에 인류는 지금의 우리 모습인 호모 사피엔스 사피엔스로 진화했지. 이때부터 전과는 사뭇 다른 살림살이를 하기 시작했어.

이전의 원시 무리 사회에서는 유인원처럼 힘센 남자들을 중심으로 여러 아내와 자식들이 무리를 지어 살았지. 하지만 인류는 오랜 세월에 걸쳐 점차 한 명의 지아비와 한 명의 아내가 짝을 이루는 일부일처제를 이루어 갔어. 그리고 같은 핏줄로 이루어진 친척들이 모여 살기 시작했지. 이것을 '씨족 공동체'라고 한단다.

씨족 공동체는 족외혼을 했다는 점에서 이전의 원시 무리 사회와 근본적으로 달랐어. 족외혼이란 결혼 상대자를 같은 핏줄인 씨족 안에서 정하지 않고 다른 씨족에서 찾는 것을 말해. 오늘날 우리도 가까운 친척과는 결혼을 하지 않는데, 옛 씨족 공동체의 관습이 지금까지 남아 있는 거지.

씨족 공동체는 한 마을을 이루고 살았어. 함께 농사를 짓고, 토기를 만들고, 실과 옷감을 만들어 옷을 지어 입었어. 그리고 야생에서 자라던 멧돼지나 늑대를 길들여 집에서 키우는 가축으로 만들었어.

이렇게 되자 마을에 사는 사람들의 수가 점점 더 많아졌어. 많은 사람이 부대끼며 살다 보니까 서로 의견이 충돌하기도 했지. 그래서 마을에서 가장 나이 많은 어른이 지도자가 되어 마을 회의를 열고, 여러 가지 문제를 의논하고 해결했단다.

【 씨족 공동체에서 부족 사회로 】

농사짓기가 발달하면서 씨족 공동체는 큰 변화를 맞게 된단다. 여러 씨족 공동체 중에서도 유별나게 농사를 잘 지어 수확을 많이 거둔 곳이 있었어. 그러자 이를 탐낸 다른 씨족 공동체가 쳐들어와 빼앗아 가기도 했지. 씨족 공동체들 사이에 전쟁이 자주 일어나게 된 거야.

전쟁에서 이기면 곡식뿐만 아니라 결혼 상대로 삼을 여자들까지 빼앗을 수 있었어. 그래서 족외혼을 해야 하는 씨족 공동체의 남자들은 전쟁에 더욱 열심히 참여했단다.

씨족 공동체끼리 전쟁을 되풀이하면서 한 씨족 공동체가 다른 씨족 공동체를 점령해 둘이 합치는 일이 흔해졌어. 그리하여 여러 씨족 공동체가 하나로 합쳐진 큰 집단이 생겼는데, 이것을 '부족 사회'라고 해.

부족은 이제 더 이상 한 핏줄로 맺어진 공동체가 아니라 여러 씨족이 섞인 더 큰 단위가 되었단다. 그들에게는 핏줄보다 어느 지역에 함께 모여 산다는 것이 가장 중요했어. 그래서 나중에 부족 이름을 정할 때는 흔히 땅 이름을 붙이곤 했지.

고구려와 신라의 건국 이야기에서 그런 사실을 엿볼 수 있단다. 주몽이

《사회 관계의 변화》

원시 무리 사회 유인원에서 진화한 인류는 처음에는 유인원과 다름없이 무리를 지어 이동하며 살았다.

씨족 공동체 신석기 시대에 이르면 가족을 이루고, 핏줄이 같은 씨족이 모여 마을을 이루고 살게 된다.

부족 사회
청동기 시대에는 여러 씨족이 합쳐서 규모가 큰 집단을 이루었는데, 이를 부족 사회라고 한다.

압록강 부근에서 고구려를 세울 때 그곳에는 이미 계루부·순노부·소노부·관노부·절노부라는 5개 부족 사회가 있었어. 이 부족들의 이름은 곧 그들이 살고 있던 지역 이름이기도 했지. 박혁거세가 신라를 세울 때도 경주에 양산촌·진지촌·대수촌·가리촌·고허촌·고야촌이라는 6촌이 있었는데, 이는 곧 여섯 부족을 가리키는 것이었단다.

부족 사회가 씨족 공동체와 다른 점은 크기만이 아니야. 부족 전체를 다스리는 부족장과 옆에서 부족장을 도와 일을 처리하는 세력도 생겼어. 이들은 평민들을 지배하는 특권층이 되어 자손들에게 부와 권력을 물려주었어. 그들이 귀족 계급을 이루게 되었지. 반면에 아무 재산도 없고 주인에게 복종해야만 하는 노예들도 생겨났어. 부족 사회에서 인류 최초로 지배 계급과 피지배 계급이 등장한 거야.

한편 부족 사회가 발전하면서 여러 부족 사회가 서로 이웃하며 살게 되었어. 부족들은 서로 전쟁을 벌이기도 했지만, 점차 전쟁을 하지 않고 여러 부족이 연맹을 맺어 더 강한 외적의 침입을 함께 막아 내는 지혜를 터득하게 돼. 이것을 '연맹 왕국'이라고 한단다.

2 고조선과 여러 나라

고조선은 우리 민족이 맨 처음 세운 나라야. 하지만 고조선을 세운 단군은 실제 인물이 아니라 신화 속 인물이어서 건국 시기를 비롯해 많은 것들이 마치 수수께끼를 푸는 일처럼 복잡하단다. 그래서 이 문을 열고 들어갈 수 있는 열쇠도 진작 마련해 놓았지. 그다음엔 고조선 옆문으로도 들어가 볼 거야. 부여·옥저·동예 그리고 삼한이라는 곳이지. 너희가 잘 아는 고구려·백제·신라 삼국이 하늘에서 갑자기 뚝 떨어진 나라가 아니라는 걸 곧 알게 될 거야.

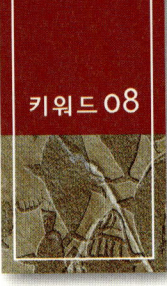

키워드 08 　단군 신화

단군은 누구일까

고조선을 세운 이는 단군 왕검이야. 많은 역사책에 기원전 2333년 단군 왕검이 아사달에 도읍을 정하고 고조선을 세웠다는 이야기가 쓰여 있지. 이렇게 나라를 세운 내력을 이야기로 적은 것을 건국 신화라고 한단다. 그런데 고대의 건국 신화는 실제로 일어났던 어떤 사실을 이야기하면서도 사실 그대로 표현하지 않고 신령스러운 옷을 입혀 치장하거나 과장하는 경우가 많아. 그래서 어떤 부분이 사실이고 어떤 부분이 꾸며 낸 이야기인지 잘 따져 봐야 해. 이런 점을 머릿속에 담아 두고 『삼국유사』에 실린 단군 신화를 꼼꼼히 살펴보자.

【고조선은 청동기 시대의 농경 사회】

단군 신화에 따르면, 옛날 하늘나라에 환인이 살고 있었는데, 환인에게는 환웅이라는 아들이 있었어. 환웅은 하늘나라에서 살기보다는 인간 세상에 내려가고 싶어 했지. 환인이 아들의 뜻을 알고 태백산 아래를 내려다보니 인간들이 사는 세상을 도와주고 싶어졌어. 그래서 아들 환웅에게 세상을 다스리는 데 쓸 천부인 세 개를 주어 인간 세상으로 내려보냈단다. 천부인이 무엇이었는지는 확실히 알 수 없어.

환웅은 무리 3천 명을 거느리고 태백산 꼭대기의 신단수 아래로 내려와 신령스러운 도읍을 세웠어. 그러고는 바람, 비, 구름을 다스리는 세 신하와 함께 곡식, 목숨, 질병, 형벌, 선악 등 인간 세상의 360여 가지 일을 맡아서 세상을 다스렸다고 해.

이 이야기는 아직 고조선이 세워지기 전의 일을 말하고 있어. 고조선을 세운 단군은 환웅의 아들인데 아직 태어나지 않았으니까. 물론 환웅이 정말로 하늘나라에서 내려온 건 아니었겠지. 오늘날 인류는 이미 우주 비행선을 타고 하늘 위로 올라가 봐서 하늘나라 같은 건 없다는 사실을 잘 알고 있잖니. 그렇다면 이 이야기는 어떤 사실을 말하는 걸까?

고대의 국가는 여러 부족 사회가 하나로 합쳐지면서 세워졌어. 그런데 흔히 여러 부족 가운데 어느 한 부족이 나라를 이끌어 가는 권력을 잡게 돼. 그런 부족은 발달한 문물을 가지고 외부에서 이주해 온 집단일 때가 많았어.

고조선이 세워질 무렵 중국의 요동(랴오둥) 지방에서 한반도에 걸친 지역에는 예맥족·숙신족·한족 등이 살고 있었어. 이들 가운데 세력이 가장 강한 예맥족이 고조선을 세웠지. 예맥족은 다른 부족으로 하여금 자기들을 따르게 하기 위해 자신들이 신령스러운 조상을 둔 특별한 부족이라는 것을 내세워야 했어. 그래서 환웅이 하늘나라에서 내려왔다고 말하게 된 거란다.

그런데 이 이야기에는 바람과 비와 구름을 부리는 신하가 등장해. 이것은 무엇을 가리키는 걸까? 원하는 때에 바람이 불게 하여 구름을 모이게 하고 비를 내리게 할 수 있는 능력이 필요했다는 뜻이지. 바람과 비와 구름은 모두 날씨와 관련이 있고, 날씨는 농사와 관련이 있어. 곧 예맥족은 떠돌아다니며 사냥이나 채집을 하던 단계를 벗어나 한곳에 모여 농사를 짓고 살았다는 것을 말해 줘. 그러니까 고조선은 이미 농업 혁명을 통해 풍요로운 살림을 하게 된 사람들이 세운 나라라는 사실을 알 수 있단다.

농경무늬 청동기 제사에 사용된 청동기의 뒷면.
땅을 일구고 토기에 곡식을 담는 모습이 새겨져 있어,
청동기 시대에 농사를 짓고 살았다는 것을 보여 준다.

단군 신화 55

【 환웅 부족과 곰 부족 】

신화에 따르면, 환웅이 인간 세상을 다스리던 어느 날, 곰 한 마리와 호랑이 한 마리가 환웅에게 와서 사람이 되게 해 달라고 빌었다는구나. 그러자 환웅은 쑥 한 다발과 마늘 스무 쪽을 주면서, 이것을 먹으며 햇빛을 보지 말고 지내라고 말했어. 곰은 쑥과 마늘만 먹으며 21일 동안 굴 속에 있더니 사람이 되었고, 호랑이는 그것을 지키지 못해 사람이 되지 못했어.

사람이 된 웅녀는 아이를 낳고 싶었지만 결혼할 상대가 없었어. 그래서 환웅이 잠깐 동안 사람으로 변해 웅녀와 결혼해서 둘 사이에 아들이 태어났는데, 그가 바로 단군이야. 단군은 기원전 2333년 아사달에 도읍을 정하고 나라 이름을 조선이라고 했단다.

물론 이 이야기도 사실이 아니지. 곰이 사람으로 변할 수는 없을 테니까 말이야. 그런데 부족 사회 시대에는 부족마다 숭배하는 동물이 있었단다. 그런 동물을 자기 부족을 상징하는 표시로 삼기도 했어. 단군 신화에 나오는 곰과 호랑이도 곰 부족과 호랑이 부족을 가리키는 거야. 이렇게 보면 고조선을 세운 환웅 부족이 이웃한 곰 부족과 혼인 관계를 맺었다는 것을 알 수 있지. 한 부족의 힘만으로는 여러 부족을 거느리기가 어려웠기 때문에 힘이 있는 다른 부족과 혼인 관계를 맺어 세력을 키우곤 했던 거지.

【 고조선은 언제 세워졌나 】

오늘날 중국의 요령(랴오닝) 지방에서 한반도 북부에 걸쳐 비파라는 악기 모양의 독특한 청동검이 발굴되고 있어. 요령 지방은 요하(랴오허 강)라는 큰 강 주변 지역을 가리켜. 이 지역은 예맥족이 활동하던 곳이므로 이 비파형 청동검은 고조선 사람들이 쓰던 것으로 여겨지고 있지. 그런데 이 지역에서 청동기 시대가 시작된 것은 대략 기원전 2000년에서 1500년 사이야. 따라서 이 시기의 어느 즈음에 고조선이 세워졌다고 볼 수 있지.

그런데 고려 시대에 일연은 『삼국유사』에서 고조선이 기원전 2333년에 세워졌다고 했단다. 이때는 아직 청동기 시대가 시작되기 전, 곧 신석기 시대에 속하지. 고조선이 신석기 시대에 세워질 수는 없으니까 이 연도는 사실로 믿기 힘들어. 신석기 시대는 국가라는 체제가 성립되기에는 아직 이르거든. 어쩌면 일연이 우리 역사가 중국만큼 오래되었다는 것을 주장하기 위해 고조선이 세워진 시기를 사실보다 이전으로 앞당겼을지도 몰라. 그것은 『삼국유사』에서 단군이 무려 1908세까지 살다가 죽은 뒤 산신령이 되었다고 한 것을 봐도 짐작할 수 있지.

하지만 부족 우두머리인 단군이 고조선이라는 나라를 세운 것만은 틀림없는 사실일 거야. 단군을 받들던 고조선 사람들이 그를 더욱 높이 떠받들기 위해 신화적인 인물로 치장했겠지.

단군에 대한 존경심은 이후 삼국 시대, 고려 시대, 조선 시대까지 이어졌어. 특히 이성계는 1392년 고려를 무너뜨리고 새 나라를 세우면서 단군이 세운 조선을 이어받는다는 뜻으로 나라 이름도 조선이라고 했단다.

마니산 참성단 강화도 마니산 꼭대기에 있으며, 단군이 하늘에 제사를 지내기 위해 쌓은 제단이라고 전한다.

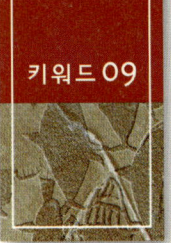

키워드 09 **범금 8조**

고조선 사람들은 어떻게 살았을까

고조선 사람들이 자신들에 관해 글로 적은 기록은 전해지는 것이 없어. 또 확실하게 고조선 시대의 것이라는 사실을 밝혀 줄 수 있는 유물이나 유적도 거의 없지. 그래서 우리는 고조선 역사의 많은 부분을 추측하거나 추리할 수밖에 없단다. 그런데 서기 82년 무렵 중국 사람 반고가 쓴 『한서』라는 책에, 고조선에는 '범금 8조'라는 법률이 있었다는 이야기가 나와. 이것은 우리가 고조선에 대해 알 수 있는 귀중한 실마리란다.

【 고조선의 영역 】

고조선은 처음에는 중국의 요령 지방에서 한반도 북부에 걸쳐 있는 지역을 영토로 삼았어. 이것을 알 수 있는 흔적은 고조선에서 만든 것으로 보이는 청동검이야. 요령 지방에서 한반도 북부에 걸쳐 발굴되는 이 칼은 비파라는 악기와 생김새가 비슷해서 '비파형 동검'이라고 불러. 다른 지역에서는 거의 볼 수 없는 독특한 모양이지. 따라서 비파형 동검이 발굴되는 지역을 고조선 사람들이 살았던 지역으로 본단다.

그런데 시간이 흘러 기원전 300년 무렵이 되면 비파형 동검은 사라지고 날이 좀 더 날씬해진 새로운 칼이 만들어지기 시작해. 날이 가늘다고 해서 '세형 동검'이라고 하는데, 칼을 만드는 솜씨가 훨씬 발전한 것으로 보아 고조선 사람들의 문물이 크게 발달한 것을 알 수 있지. 이 칼은 요령 지방에서는 나타나지 않고 한반도에서 집중적으로 발굴되었어.

그런데 마침 중국 사람 진수가 쓴 『삼국지』라는 책에는 기원전 3세기 무

◆ 비파형 동검이 출토된 곳
▲ 세형 동검이 출토된 곳

고조선의 세력 범위 고조선은 처음에는 중국 요령성 요하 일대에 근거지를 두고 나라를 이루었다. 그러나 중국에서 나라가 세워져 압박해 오자 점차 동쪽으로 옮겨 가 나중에는 한반도의 대동강 유역 평양에 도읍을 정하고 한반도 전체에 흩어져 살았다.

비파형 동검   세형 동검

렵 중국 북부에 터전을 잡고 있던 연나라가 요동 지방으로 영토를 넓히자 고조선이 요동 지방 2000리 땅을 내주고 물러섰다고 쓰여 있어. 요동은 요하 동쪽 지역을 가리켜. 이 이야기에 나오는 지역과 비파형 동검에서 세형 동검으로 바뀌는 지역의 범위가 거의 같아. 그래서 기원전 3세기 무렵 고조선이 요동 지방에서 물러나 한반도로, 특히 오늘날의 압록강에서 대동강 사이의 땅으로 영역을 옮겼다는 것을 미루어 짐작할 수 있단다.

범금 8조

고조선의 이러한 영토 변화는 고조선이 주변 나라들과 서로 경쟁하고 있었다는 것을 말해 주지. 그래서 서로 경쟁하던 중국 여러 나라의 역사 기록에 자연스럽게 고조선에 관한 내용이 담기게 되었던 거야.

【 범금 8조가 알려 주는 고조선 사람들의 삶 】

고조선에 관한 중국의 역사 기록 가운데 가장 오래된 것은 『한서』에 실린 범금 8조 내용이란다. 범금 8조란, 범하는 것을 금지하는 8개 조항이라는 뜻이야. 곧 고조선에는 모두 8개의 조항으로 이루어진 법률이 있었다는 말이지. 하지만 안타깝게도 그중 3개 조항만 기록해 놓았단다.

> 사람을 죽인 자는 사형에 처한다.
> 남에게 상처를 입힌 자는 곡식으로 갚아야 한다.
> 도둑질한 자는 종으로 삼고, 돈으로 대신하려면 50만 전을 내야 한다.

이 3개 조항은 분량이 얼마 안 되지만, 고조선 사람들의 생활과 관련해 많은 것을 알려 준단다.

먼저 고조선 사람들은 농사를 짓고 살았다는 것을 알 수 있어. 인류는 농사를 짓기 시작하면서 비로소 마을을 이루며 한곳에 머물러 살기 시작했어. 농사짓는 데 많은 일손이 필요했기 때문이야. 고조선에서 사람을 죽이거나 다치게 하면 큰 벌을 준 것도 바로 일손을 귀하게 여겼기 때문이란다. 또 죄를 곡식으로 갚을 수 있다는 내용에서도 고조선이 농업이 발달한 사회였다는 것을 알 수 있지.

다음으로 도둑질한 자를 종으로 삼는다는 내용으로 보아 고조선은 노예가 있는 신분 사회라는 사실을 알 수 있어. 왕을 중심으로 왕족과 귀족이 지배층을 이루고, 그 밑에는 농사를 짓는 평민이 있었지. 또 그 밑에는 인간으로 대접 받지 못하는 노예가 있었던 거야.

그리고 돈을 사용한 것으로 보아 고조선에서는 상업 거래도 활발하게 이루어졌다는 것을 알 수 있어. 실제로 중국의 『관자』라는 역사책에는 기원전 7세기 무렵 고조선이 중국의 제나라와 교역했다는 내용이 나온단다.

고조선은 일찍부터 주변의 여러 민족과 교역을 하며 문물을 받아들이면서 독자적인 문화를 가꾸어 나갔어. 그러한 고조선의 수준 높은 문화를 보여 주는 것이 토기란다. 고조선 사람들은 표주박이나 팽이같이 생긴 토기를 사용했는데, 신석기 시대의 빗살무늬 토기에 견주면 훨씬 튼튼하고 모양도 세련되었어.

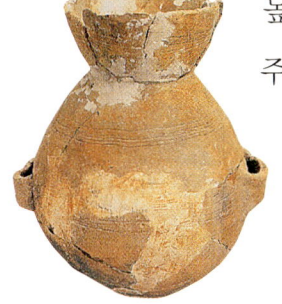

미송리형 토기

사회가 차차 발달함에 따라 나라를 운영할 기구도 더욱 커졌지. 그래서 왕 아래에 상, 대부, 장군과 같은 관리를 두었어. 오늘날의 장관과 같은 직책이었지. 이런 행정 제도를 중심으로 고조선은 더욱 발전하여 동아시아의 큰 나라로 성장해 갔어.

팽이형 토기

고조선의 발달한 문물은 그 뒤 부여로, 그다음에는 고구려·백제·신라로 이어져서 우리의 민족 문화를 꽃피우는 데 소중한 씨앗이 되었단다.

키워드 10 | 기자 조선 · 위만 조선

기자와 위만 이야기

고조선을 세운 단군은 신화의 주인공이지만, 완전히 거짓은 아니고 실제 있었던 왕을 신성한 인물로 꾸몄다고 할 수 있어. 그런데 중국의 옛 기록에는 고조선이 세워진 뒤에 고조선을 다스렸던 실제 인물들이 나온단다. 기자와 위만이 대표적인 사람들이지. 두 사람이 고조선을 다스린 시기를 각각 기자 조선과 위만 조선으로 부르기도 한단다.

【 기자는 누구일까 】

기자는 중국 은나라 말기의 귀족이었어. 그 무렵 왕이 정치를 제멋대로 하자 여러 신하가 정치를 바로 할 것을 건의했지. 기자도 그 사람들 가운데 하나였어. 그러자 왕은 기자를 옥에 가두고 말았어.

그런데 기자가 감옥에 있는 동안 은나라가 망하고 주나라가 들어섰어. 주나라를 세운 무왕은 기자를 풀어 주고 잘 대우해 주었지. 하지만 기자는 자신은 어디까지나 은나라의 신하라며 주나라를 섬길 것을 거부하고는 동쪽 고조선으로 떠나 버렸어.

고조선으로 온 기자는 중국의 발달한 문물을 고조선에 전해 주고 오랫동안 고조선을 다스렸어. 범금 8조도 기자가 만든 것이라고 해. 그래서 기자가 다스린 시기의 고조선을 기자 조선이라고 하지.

기자의 초상

이것이 중국 옛 기록에 나오는 기자 이야기란다. 고조선이 멸망한 뒤에 고려나 조선 시대 사람들도 이 이야기를 널리 믿었어. 그래서 기자의 위패를 모신 사당을 세우고 기자를 기리는 제사를 지내기도 했어. 하지만 오늘날에는 기자를 중요한 인물로 생각하지 않는단다. 왜 그럴까?

무엇보다도 중국 책에는 기자가 동쪽 고조선으로 갔다고만 나와 있을 뿐, 정작 고조선이 어떤 나라였는지에 관해서는 아무것도 쓰여 있지 않아. 은나라에서 주나라로 바뀔 때면 기원전 1000년 무렵인데, 이때는 고조선이 세워진 지 한참 뒤란다. 그런데도 고조선에 대한 아무런 설명이 없다는 건 이상한 일이지.

기원전 1000년 무렵의 중국과 요동 지방은 청동기 시대였어. 그런데 은나라, 주나라의 청동기 문화와 고조선이 터를 잡은 요동 지방의 청동기 문화는 모습이 전혀 달랐어. 만약 기자가 주나라에서 고조선으로 와 왕이 된 것이 사실이라면, 기자가 전해 준 색다른 주나라 청동기 문화가 요동 지방에서 발견되어야 마땅하지. 그런데 아직 그런 것은 발견되지 않았단다.

그래서 우리 역사학자들은 기자에 관해 좀 더 자세한 내용이 밝혀질 때까지 기자에 대한 판단을 잠시 미루어 두기로 했어. 우리 역사책에 기자나 기자 조선에 관한 자세한 설명이 실리지 않게 된 것은 그런 이유 때문이야.

【위만 조선은 어떻게 세워졌을까】

고조선에 온 또 한 명의 중국 사람 위만에 관해서는 기자보다 훨씬 자세한 내용이 전해진단다.

위만은 원래 연나라 사람이었어. 연나라는 중국이 여러 나라로 갈라져 싸우던 전국 시대에 화북(화베이) 지방에서 요령 지방에 걸쳐 땅을 차지하고 있던 나라였지. 연나라는 진시황이 처음으로 중국을 통일할 때 멸망했어.

그렇지만 진나라는 연나라 제후들에게 자기 나라였던 땅을 계속 다스리게 해 주었지. 진나라의 뒤를 이은 한나라도 마찬가지였어. 위만은 바로 그 한나라 시대에 연나라에 살던 귀족이었어.

그런데 한나라 황제는 힘이 커지자 변방의 제후들을 없애고 직접 지방관을 보내 전국을 다스리려고 했어. 그래서 옛 연나라의 제후들은 한나라 영토 밖으로 뿔뿔이 흩어져야 했지. 위만도 그중 하나였던 거야. 위만은 수만 명의 무리를 이끌고 요동을 지나 압록강 근처로 옮겨 왔어.

그 무렵 고조선은 준왕이 다스리고 있었단다. 준왕은 일단 위만에게 압록강 부근 서쪽 국경 지역 땅을 내주고 한나라가 쳐들어오지 못하게 지키는 역할을 맡겼지. 그런데 그 뒤 한나라 쪽에서 혼란을 피해 위만에게 넘어오는 이들이 많아지자 그의 세력은 점점 커졌어.

고조선 백성들 중에서도 위만을 따르는 이들이 점점 늘어났어. 위만이 백성들을 잘 다스렸기 때문이기도 하지만, 사실은 더 중요한 이유가 있었단다. 고조선은 이제 청동기 시대에서 철기 시대로 막 접어들고 있었는데, 위만은 중국에서 좀 더 발달한 철기를 가지고 들어왔던 거야. 너희가 딱지치기 놀이를 하고 있는데 누가 로봇을 가지고 왔다고 생각해 봐. 모두들 그 아이한테 몰려가겠지? 위만의 경우도 마찬가지였단다.

따르는 백성이 많아져 세력이 커지자, 위만은 이제 고조선 전체를 넘보기 시작했어. 그러다가 기원전 194년, 드디어 기회가 왔어. 한나라가 국경을 넘어 쳐들어온 거야. 위만은 준왕에게 "큰일 났습니다! 한나라 군대가 사방에서 왕검성을 향해 쳐들어오고 있습니다!"라고 부풀려서 보고했어. 그리고 당황한 준왕에게 자기가 도읍 왕검성으로 들어가 나라를 지키겠다고 했어. 준왕은 순진하게도 위만을 왕검성으로 끌어들였지. 위만은 그 기회를 이용해 왕검성을 점령하고 자기가 왕 자리를 차지해 버렸어. 그 뒤로 고조

여러 가지 철제 무기 투겁창, 칼, 꺾창, 화살촉 등 철로 만든 무기들. 한반도에는 대략 기원전 4세기 무렵 중국에서 철기가 전해지기 시작하여 기원 전후 무렵부터 기원후 4세기에 걸쳐 철기 문화가 크게 발달했다.

선이 멸망할 때까지 위만과 그의 후손들이 나라를 다스렸어. 그래서 이 시기를 위만 조선이라고 해.

나라를 빼앗긴 준왕은 뒤늦게 땅을 치며 후회했지만 소용없었지. 그래서 할 수 없이 자신을 따르는 무리를 이끌고 한반도 남쪽으로 내려가 터전을 잡았어. 준왕은 그곳에서 나라를 이루어 살면서 스스로를 한왕이라고 일컬었다고 해. 이 한왕의 후손들이 나중에 마한·진한·변한의 삼한을 이루었단다.

이것이 위만에 관해 전해지는 이야기야. 어때, 기자 이야기보다 훨씬 자세하고 그럴듯하지? 그 이유는 무엇보다도 위만이 기자가 살았던 시대보다 1000년쯤 더 흘러서 많은 기록이 남겨진 시대에 살았기 때문이야. 위만 이야기는 역사적인 사실을 기록한 것으로 판단되기 때문에 위만 조선은 우리 역사책의 한 면을 차지하고 있단다.

키워드 II   **고조선·한나라 전쟁**

고조선 최후의 날

기원전 109년, 한나라의 대군이 고조선을 공격해 왔어. 고조선은 최선을 다해 싸웠지만 끝내 멸망하고 말았지. 참으로 안타까운 일이었어. 그렇지만 우리는 안타까워하는 데 그치지 말고 고조선이 어떻게 멸망하게 되었는지 제대로 알아야 해. 그래서 우리가 본받을 것은 무엇이고 경계해야 할 일은 무엇인지 밝혀야겠지. 우리가 역사를 공부하는 이유도 다 거기에 있단다.

【 한나라 대 고조선 】

고조선을 멸망시킨 중국의 한나라는 어떤 나라였을까? 한마디로 그 시기에 세계에서 가장 강한 제국이었다고 할 수 있어. 그러니 고조선으로서는 참으로 힘에 겨운 상대를 만난 셈이었지.

한나라가 얼마나 강한 나라였는지 알기 위해 그 무렵 전 세계의 나라들을 한번 살펴보자. 당시 세계에서 가장 크고 강한 나라는 어디였을까? 유럽에서는 로마가 가장 강대했지. 하지만 이때 로마는 이제 막 이탈리아 반도를 벗어나 지중해 일대로 영토를 넓히기 시작한 단계였어. 로마가 유럽 전체를 다스리는 제국이 된 것은 한참 뒤의 일이었지.

이런 로마에 견주면 한나라는 비교할 수 없을 만큼 강대국이었어. 드넓은 중국 대륙을 차지하고 주변 유목 민족을 정벌해 거대한 영토를 차지했으니 말이야. 특히 7대 황제인

한나라 황제 무제의 초상

무제는 북방의 흉노족을 정벌하고 비단길을 따라 멀리 로마로 사신을 파견할 만큼 막강한 힘을 자랑했어. 고조선은 바로 그런 강대국의 침략을 받은 거란다.

고조선의 우거왕은 이렇게 막강한 상대의 공격을 받으면서도 결코 호락호락하지 않았어. 여느 왕 같았으면 지레 겁을 먹고 항복했을지도 모르지만 우거왕은 오히려 당당하게 맞섰지. 그리고 실제로 우거왕은 한나라에 무릎 꿇지 않았어. 이게 무슨 말인지 지금부터 펼쳐지는 이야기를 찬찬히 들어 보렴.

【 동방의 강대국 고조선 】

우거왕은 위만의 손자야. 우거왕은 할아버지가 백성을 잘 다스려 나라를 부강하게 만든 것을 본받아 백성을 잘 다스렸어. 그러자 한나라를 비롯한 주변 여러 나라에서 많은 백성들이 고조선으로 몰려들었지. 그래서 우거왕은 이제 고조선도 강대국인 한나라와 어깨를 당당하게 겨룰 만큼 강대국이 되었다고 생각했단다.

그 무렵 고조선 주변의 작은 나라들은 한나라와 교역하면서 발달한 문물을 받아들여 나라를 다스려 가고 있었어. 그런데 우거왕은 이제 그 나라들이 한나라와 교역하는 길을 막고 나섰어. 한나라와 교역하려면 먼저 고조선을 통해 허락을 받으라는 것이었지. 작은 나라들로서는 고조선도 무시하지 못할 강대국이었기 때문에 어쩔 수 없었어.

그러자 한나라는 화가 치밀었어. 고조선에게 그러지 말라고 몇 번이나 경고했지만 우거왕은 아랑곳하지 않았어. 그래서 한나라의 무제는 마침내 고조선 정벌을 계획하게 된 거야.

기원전 109년 가을, 한 무제는 육군과 해군을 총동원해 고조선 공격에 나섰어. 한나라의 순체 장군이 이끄는 5만 육군은 압록강을 건너 왕검성으로 곧바로 쳐들어왔고, 양복 장군은 7천 해군을 이끌고 서해를 건너 대동강에 상륙했어. 하지만 고조선군은 순체 부대를 청천강에서 막았고, 양복 군대가 상륙하자마자 공격해 산속으로 도망가게 만들었지.

순체와 양복 군대는 다시 전열을 가다듬어 왕검성 둘레를 에워쌌어. 하지만 고조선은 몇 달이 지나도록 성문을 굳게 잠그고 버텼단다. 그러는 동안 한나라 장군들 사이에 내분이 일어나 전열이 흐트러지고 말았지.

이렇게 고조선은 한 해가 넘도록 한나라의 공격을 거뜬히 막아 냈어.

【 장한 우거왕과 성기 장군 】

그런데 전쟁이 길어지면서 잘 버텨 내던 고조선 내부에도 금이 가기 시작했어. 대신들은 우거왕에게 그만 항복하자고 건의했지. 하지만 우거왕과 충신 성기 장군은 끝까지 싸워야 한다며 받아들이지 않았어.

그러자 대신들은 남몰래 한나라와 내통했고, 결국 자신들의 무리를 이끌고 성을 빠져나가 한나라에 항복했어. 그런데 그들 중 니계상 참이라는 자가 항복하러 가면서 자객을 보내 우거왕을 살해하고 말았단다. 한나라에서 큰 상을 받을 욕심이었던 거야.

왕은 죽었지만 고조선은 쉽게 무너지지 않았단다. 성기 장군이 성 안의 백성들을 이끌고 끝까지 싸우기로 했거든. 그러자 한나라는 더욱 끈질기게 고조선 내부를 이간질했어. 마침내 한나라의 꾐에 넘어간 신하 하나가 성기 장군을 살해했고, 성기 장군의 죽음과 함께 고조선은 최후를 맞이하고 말았단다. 기원전 108년의 일이었지.

고조선은 이렇게 내부 분열로 멸망하고 말았어. 만약 우거왕이 부하에게 죽지 않고 살았다면 결과가 달라졌을 수도 있었지. 결국 우거왕은 한나라에 패한 것이 아니라 자기 부하에게 패한 셈이야. 따라서 우리는 세계 최강 제국인 한나라에 맞서 조금도 기죽지 않고 당당하게 버티며 끝까지 고조선을 지킨 우거왕과 성기 장군을 역사를 빛낸 인물로 기억해야 해.

한나라는 고조선을 멸망시키고 그 땅에 낙랑군·진번군·임둔군·현도군이라는 4개 군을 두어 다스렸어. 이후 옛 고조선 백성들은 이들 한사군을 몰아내려고 끈질기게 싸웠지. 고조선은 없어졌지만 우리 겨레는 죽지 않고 살아남아 고구려·백제·신라의 모습으로 다시 태어났단다.

키워드 + 한사군

고조선 땅을 차지한 한사군

고조선을 멸망시킨 중국의 한나라는 옛 고조선 땅에 4개 군을 설치했어. 고조선의 도읍 평양성이 있던 곳에는 낙랑군을, 그 남쪽의 오늘날 황해도 일대에는 진번군을, 동쪽의 오늘날 함경도 일대에는 임둔군을, 그리고 압록강 유역에는 현도군을 두었지.

한나라는 이 4개 군에 관리를 파견하여 옛 고조선 백성들을 다스리게 했어. 말하자면 한사군은 중국의 한나라가 옛 고조선 땅에 세운 식민지였단다.

비록 나라는 망했지만 고조선 사람들은 한나라의 지배를 순순히 받아들이지 않았어. 한나라 관리들에게 끈질기게 저항한 거야.

고조선 사람들의 반발이 나날이 거세지자 한나라도 더 이상 버틸 수가 없었어. 그래서 기원전 82년,

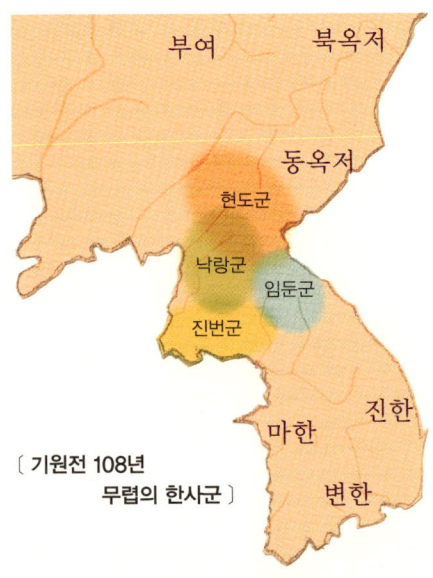

〔기원전 108년 무렵의 한사군〕

[낙랑군의 유물]

한나라는 고조선을 무너뜨리고 고조선의 도읍이 있던 평양 일대에 낙랑군을 세웠다. 그 뒤 낙랑군은 한나라의 발전한 문물을 한반도와 일본에 전해 주는 통로 구실을 하기도 했다.

벼루 집 벼루를 넣어 두었던 상자. 이로 미루어 볼 때 당시에 이미 종이에 붓글씨를 썼다는 것을 알 수 있다.

황금 허리띠 고리 허리띠 고리 안에 금으로 용 일곱 마리를 조각했고, 용 사이에는 푸른빛이 나는 비취옥을 깎아 끼웠다. 뛰어난 금세공 기술을 보여 준다. 국보 89호.

동물 모양 연적 벼루에 먹을 갈 때 쓰는 물을 담아 두는 그릇. 전설 속의 신비로운 동물 모양이다.

한사군을 설치한 지 20여 년 만에 진번군과 임둔군을 폐지해 버리고 말았어. 겉으로는 진번군은 낙랑군에, 임둔군은 현도군에 합친다고 말했지만, 실제로는 그 지역에 대한 지배를 포기한 것이었지.

그 뒤에도 고조선 사람들의 저항은 끊이지 않았어. 특히 나중에 고구려가 세워진 압록강 유역에서 저항이 가장 거셌지. 결국 얼마 지나지 않아 한나라는 그곳에 있던 현도군을 한반도 바깥으로 옮겨야 했어. 이제 한반도에는 한사군 가운데 낙랑군만 남게 되었단다.

이런 가운데 현도군이 설치되었던 지역에는 고구려가, 낙랑군 바로 남쪽에는 백제가 연이어 세워졌어. 한 민족인 고구려와 백제는 함께 낙랑군을 몰아내려고 압박했어. 고구려가 낙랑군에 이르는 길목을 차지하자 한나라는 낙랑군을 직접 다스리기가 어려워졌어. 마침내 낙랑군은 더 이상 한나라의 지배를 받지 않는 자치군처럼 되어 버렸지.

그런데 서기 220년이 되자 중국에 큰 사건이 일어났어. 한나라가 멸망하고 중국 땅이 위·촉·오 세 나라로 갈라진 거야. 이 무렵 옛 진번군 지역에 다시금 대방군이 세워지기도 했어. 조금 지나자 중국은 더 많은 작은 나라들로 찢어지고 말았지.

고구려와 백제는 이러한 기회를 틈타 낙랑군과 대방군을 공격하기 시작했어. 그리하여 313년과 314년, 고구려의 미천왕이 드디어 낙랑군과 대방군을 연이어 점령했단다. 한사군이 설치된 지 400여 년 만에 한반도에서 한사군을 완전히 몰아낸 거야.

칠국자 나무 국자에 옻칠을 해서 오래 써도 물에 불거나 썩지 않게 했다.

박산 향로 중국 산동(산둥)에 있는 박산의 모습을 따서 만든 향로이다. 바다를 상징하는 접시에 거북이와 봉황이 떠 있고, 그 위에 박산을 장식했다.

칠렴 생김새는 꼭 지금의 도시락 같지만, 화장품이나 치레거리를 담아 두었던 상자로 짐작된다.

수막새 기와 기와에 한자로 '낙랑 예관'이라는 관직 이름이 적혀 있다.

동준 술을 담아 두거나 데우는 데 쓰인 그릇. 뚜껑에 양 세 마리가 조각되어 있다.

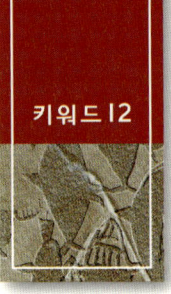

키워드 12 부여 · 옥저 · 동예

고조선의 백성들은 어디로 갔을까

고조선이 멸망한 뒤에는 한나라가 고조선 땅에 4개 군을 두어 다스렸다고 했지? 나라를 잃은 고조선 백성들은 어쩔 수 없이 한사군 아래에서 살아야 했단다. 하지만 많은 이들은 한나라의 지배를 받고 싶지 않아 한사군 세력이 미치지 않는 만주와 한반도 곳곳으로 퍼져 나갔어. 그들은 옮겨 간 지역에 새롭게 터전을 잡고 새 나라를 만들어 나갔지.

【 우리 겨레 두 번째 나라, 부여 】

기원전 2세기쯤 고조선의 북쪽 국경선 너머 만주 송화강(쑹화 강) 유역에서는 고조선을 세운 이들과 같은 민족인 예맥족이 이미 부여라는 나라를 이루어 살고 있었어. 고조선이 멸망하자 많은 사람들이 부여로 넘어와서 부여의 인구는 크게 늘어났지.

부여는 오늘날 중국의 장춘(창춘)과 농안(눙안) 일대를 터전으로 삼아 성장해 갔어. 이 지역은 대흥안령산맥과 소흥안령산맥이 ㅅ자 모양으로 펼쳐진 동북 평원의 남쪽에 자리 잡고 있어. 따라서 예부터 드넓은 평원에서 가축을 기르며 살아왔지. 각 부족은 제각기 자신들이 주로 기르는 가축을 자기 부족의 이름으로 삼았단다. 말 부족은 마가, 소 부족은 우가, 돼지 부족은 저가, 개 부족은 구가라고 불렀어. 이 4개 부족과 이들을 통합한 지도 부족 등 5개 부족이 연합해서 부여라는 나라를 이루고 있었던 거야.

부여에서는 각 부족의 우두머리들이 모여 왕을 뽑았어. 물론 가장 힘센 부족의 지도자가 왕으로 뽑혔지. 왕을 배출한 부족은 그 왕이 보통 사람과

는 다른 신성한 존재라는 이야기를
만들어 퍼뜨렸어. 고조선에서 단
군을 떠받들었던 것처럼 말이
야. 그러한 인물이 부여의 건국
시조인 해모수인데, 해모수는
천제의 아들이었다고 해.

**황금 귀걸이와
황금 허리띠 고리**
부여에는 금이 많이 나서
금으로 귀걸이나 허리띠 같은
치레거리를 잘 만들었는데,
그 솜씨가 멀리 중국에까지
알려졌다고 한다.

나중에 고구려 사람들은
고구려의 건국 시조인 주몽이
해모수의 아들이라고 했어. 이로 미루어 보면 부여에서 갈라져 나간 사람들
이 고구려를 세웠다는 것을 알 수 있지.

부여에서는 한 해 농사를 짓고 추수를 한 다음에 '영고'라는 제천 행사
를 열었어. 해마다 12월이면 하늘에 제사를 지내고, 모두 먹고 마시고 노
래하고 춤추며 즐겁게 지냈지. 이런 축제 때는 특별히 죄수들을 풀어 주기
도 했어.

부여는 꾸준히 성장했지만 3세기 말부터 북방 모용 선비족의 침입을 받
아 나라의 운명이 기울기 시작했어. 그러다가 494년 결국 고구려에 항복하
고 말았단다. 부여의 후손들이 세운 나라가 고구려이니, 같은 민족끼리 하
나로 합쳐진 셈이지.

【맛난 해산물이 나는 나라, 옥저】

고조선의 동쪽 국경선 바깥, 곧 오늘날의 함경도 지방으로 퍼져 나간 사람
들은 옥저라는 나라를 세웠어. 부여가 모용 선비족의 침입을 받았을 때는
부여의 왕족을 비롯해 많은 이들이 옥저로 피난을 와 나라가 더욱 커졌지.

옥저는 산이 많았지만 바닷가의 땅은 기름져서 농사가 잘되어 풍요롭게

살 수 있었어. 게다가 동해에서 갖가지 해산물을 잡아들였어. 비가 적게 오고 햇볕이 많이 쬐는 날씨를 이용해 소금을 만들기도 했고. 옥저 사람들은 이러한 해산물과 소금으로 이웃 나라들과 교역해서 큰 이득을 얻었지.

하지만 옥저는 아주 작은 나라였기 때문에 주변 나라의 침략을 자주 받았어. 침략자들은 재산뿐만 아니라 처녀들을 잡아가 아내로 삼기도 했지. 옥저 사람들은 이를 막기 위해 특별한 풍습을 만들어 냈어. 장차 집안에 맞아들일 며느리를 어렸을 때 미리 정해 데려다 보호하면서 키우는 거야. 어린 며느릿감이 다 자라면 집으로 돌려보냈다가 정식으로 혼인을 올리고 며느리로 삼았지. 이것을 '민며느리 제도'라고 했어. 민며느리는 아직 머리를 쪽지지 않은 어린 며느리라는 뜻이야.

고구려가 세워진 뒤 세력을 넓혀 나가자, 나라의 힘이 약했던 옥저는 서기 56년 고구려에 합쳐지고 말았단다.

〔부여와 여러 나라〕

【단군과 과하마의 나라, 동예】

고조선 동남쪽, 그러니까 오늘날의 강원도 동해안 일대로 옮겨 간 사람들은 동예라는 나라를 세웠어. 동쪽의 예맥족이라는 뜻이지.

동예는 산이 많고 험해서 사람들이 골짜기마다 흩어져 살았어. 그렇게 오래 살다 보니 마을과 마을 사이에 교류가 적어지고, 다른 마을 사람들이 자기 마을에 드나드는 것을 싫어하게 되었어. 그러다가 결국에는 허락 없이 마을을 침범한 사람은 붙잡아서 노예로 삼거나 소나 말로 벌금을 물게 한 뒤 풀어 주었어. 이를 '책화'라고 했지.

동예 사람들은 말을 길렀는데, 특히 계곡의 좁은 산길을 다니기에 적합한 키 작은 말을 많이 키웠어. 이 말은 과일나무 아래로 지나갈 수 있을 정도로 작다고 해서 '과하마'라고 불렀지. 주변 나라들은 동예의 과하마를 말 중에 최고로 쳐서 서로 사 가려고 했대.

평지가 적은 동예에서는 농사보다는 사냥을 많이 했어. 그래서 동예 사람들은 활을 잘 만들었는데 '단궁'이라는 활이 유명했지. 또 바닷가 마을에서는 먼바다로 나가 바다표범을 잡았어. 바다표범 가죽을 '반어피'라고 했는데, 이것을 이웃 나라 상인들에게 비싼 값에 팔 수 있었거든.

동예에서는 해마다 10월에 '무천'이라는 제천 행사를 열었어. 부여의 영고처럼 가을걷이를 하고 나면 하늘에 제사를 지내고, 밤낮으로 음식과 술을 마시며 노래를 부르고 춤을 추었지. 특히 호랑이를 신으로 모셔 제사를 지내기도 했어.

동예 사람들은 오랫동안 마을마다 흩어져 살면서 끝내 하나로 뭉치지 않았어. 그래서 나중에 고구려가 세력을 크게 넓히며 다가오자 옥저처럼 고구려에 합쳐졌단다.

키워드 13 삼한

삼국 이전에 삼한이 있었다

고조선이 멸망한 뒤 고조선 사람들 가운데 일부는 한강을 건너 한반도 남쪽으로 내려왔어. 그들은 이미 그곳에 터전을 잡고 살아가던 사람들과 함께 마한·진한·변한의 삼한을 이루었어. 우리는 고구려·백제·신라의 삼국만 알고 삼한은 종종 잊곤 하지. 하지만 삼한이 이룬 토대 위에서 비로소 삼국 시대가 열릴 수 있었다는 것을 기억했으면 좋겠구나.

【충청과 호남 들판에서 성장한 마한】

마한은 오늘날 한강 남쪽의 경기도와 충청도, 전라도 일대에 터전을 잡고 성장한 연맹 왕국이야. 마한에 소속된 부족은 한때 54개에 이르렀어. 넓은 평야가 많아서 그만큼 많은 부족이 몰려들어 농사를 짓고 살았던 거란다.

하지만 마한은 아직 완전한 하나의 왕국은 아니었어. 54개 부족을 다스리는 각 부족장의 권한도 만만치 않았지. 그래서 사람들은 부족 연맹 전체를 이끄는 지도자의 명령보다는 자기 부족의 관습을 따를 때가 많았어. 그러면 연맹장은 그들을 벌하려고 했지. 이때 쫓기는 자들은 '소도'라는 특별 구역으로 몸을 피하곤 했단다.

소도는 부족의 제사장이 하늘에 제사를 지내는 특별한 장소인데, 나무를 새 모양으로 깎아 긴 장대에 달아서 표시했어. 그리고 이곳은 신성한 장소라 아무나 함부로 드나들 수 없다고 했지. 따라서 연맹장에게 쫓기는 자가 소도로 도망하면 연맹장도 잡으러 들어갈 수 없었단다.

마한 54개 연맹을 이끈 부족은 목지국인데, 오늘날의 충청남도 직산 부

솟대 부족 사회의 신성한 장소인 소도의 경계를 표시하는 깃대이다. 깃대 위에 새를 장식한 것은 새가 땅과 하늘을 이어 주는 역할을 한다고 믿었기 때문이다.

근에 있었지. 나중에 백제가 한강 유역에 도읍을 정한 뒤 점점 세력을 넓히자 목지국과 부딪치게 되었어. 이미 강력한 고대 국가로 성장한 백제에게 목지국은 상대가 되지 않았지. 목지국이 꺾인 뒤로 마한 연맹도 점차 백제에 흡수되었단다.

【 가장 발달이 늦은 진한 】

진한은 오늘날의 경상북도 지방에 자리 잡고 있었어. 진한에 속한 부족 집단은 12개였어. 그 가운데 경주를 터전으로 삼고 있던 사로국이 가장 강해서 연맹의 대표를 맡았지.

고조선 마지막 왕인 우거왕 때의 일이야. 한나라의 침략을 1년 가까이 막아 내며 버티고 있을 즈음, 역계경이라는 신하가 우거왕에게 일단 한나라에 항복하고 전쟁을 끝내자고 했어. 물론 우거왕은 듣지 않았지. 그러자 역계경은 고조선을 버리고 2천 명 남짓을 이끌고 남쪽의 진국(진한)으로 갔어.

진한은 삼한 가운데 한반도의 동남쪽 귀퉁이에 자리 잡고 있어서 발전이 가장 늦었단다. 발달한 중국 문물을 받아들이기에 어려움이 많았거든. 하지만 역계경이 이끌고 온 고조선 사람들이 발달한 철기 문화

를 진한에 전해 주어 크게 성장하기 시작했지. 나중에 신라가 세워지자 진한은 차차 신라에 흡수되어 갔어.

【 철이 풍부한 변한 】

변한은 오늘날의 경상남도 지방에 자리 잡고 있던 12개 부족 집단의 연맹이야. 연맹 가운데 가장 강한 집단은 김해의 구야국이었지. 하지만 구야국은 연맹을 대표할 만큼 힘이 크지는 않았어.

변한은 낙동강을 경계로 진한과 국경을 맞대고 있었어. 그러다 보니 문물이 진한과 거의 같았지. 다만 변한 지역에서는 질이 좋은 철광석이 많이 났단다. 그래서 철기를 만드는 기술이 전해진 뒤 철기를 활발하게 제작했어. 주변은 물론 멀리 중국에서도 변한의 철기를 사러 왔지. 변한의 12개 부족 집단은 나중에 가야라는 연맹 왕국에 흡수되었단다.

【 고대 국가의 토대가 된 삼한 】

삼한은 모두 철기 문화를 바탕으로 농사짓는 기술을 크게 발전시켰어. 철로 만든 낫과 도끼, 보습 같은 농기구를 사용해 많은 곡식을 거둘 수 있었지. 삼한은 특히 벼농사가 발달해 충청북도 제천의 의림지, 전라북도 김제의 벽골제, 경상남도 밀양의 수산제 같은 저수지들이 이때 만들어졌단다. 씨뿌리기를 끝낸 5월과 추수를 하고 난 10월에는 하늘에 제사를 지내고 큰 잔치를 벌이기도 했어.

이처럼 삼한은 철기 문화가 발달하고 농사를 지어 많은 수확을 거둠으로써 인구가 늘어나고 문물이 크게 발전했어. 나중에 백제·신라·가야는 각각 마한·진한·변한의 삼한을 통합하고 이들의 문물을 흡수하면서 고대 국가로 나아갈 수 있는 바탕을 만들었단다.

3 고구려

고구려는 우리 민족의 힘찬 기상을 만천하에 떨친 자랑스러운 나라야. 압록강 중류에서 일어난 고구려는 머지않아 드넓은 만주 평원을 차지하고 대륙을 호령하는 동아시아의 최대 강국으로 성장했지. 하지만 고구려가 위대한 건 단지 땅을 넓혔다는 데만 있는 건 아니야. 고구려의 진짜 힘은 따로 있었어. 그 힘이 뭐냐고? 글쎄, 우리나라 역사상 어느 나라에서도 찾아보기 힘든 고구려만의 정신이었다고만 귀띔해 줄게. 그게 뭔지는 너희들이 찾아보려무나.

키워드 14 | 주몽

주몽, 고구려를 세우다

고구려는 주몽이 세웠어. 그런데 주몽은 보통 사람이 아니라 신령한 힘을 지닌 신화 속의 영웅이란다. 고대 국가들은 대개 건국 시조를 신성한 존재로 떠받들어 자기 나라의 위엄을 자랑하지. 신화 속에는 역사적 사실이 들어 있게 마련이야. 하지만 우리는 신화와 역사를 구분해야 해. 이 점을 마음에 새기면서 주몽 신화에 담긴 고구려 역사를 발굴해 보자.

【주몽 신화가 가르쳐 주는 것들】

주몽 신화에 따르면, 하늘나라를 다스리는 천제에게는 해모수라는 아들이 있었대. 어느 날, 해모수는 물의 신 하백의 딸 유화와 사랑에 빠져 하룻밤을 보내고는 갑자기 떠나 버렸어. 하백은 유화가 부모의 허락도 받지 않고 몰래 혼인한 것을 알고는 딸을 내쫓아 버렸지.

쫓겨난 유화 부인을 부여의 금와왕이 발견해 궁궐로 데려갔는데, 얼마 뒤 유화 부인이 아주 커다란 알을 낳았어. 금와왕은 깜짝 놀랐어. 사람이 알을 낳았으니 놀랄 만도 했지. 금와왕은 불길한 징조라 여기고 알을 개와 돼지에게 던져 주었어. 그런데 개와 돼지는 먹으려 들지 않았어. 그래서 길거리에 던져 버렸는데 소나 말도 알을 건드리지 않고 피해 가는 거야. 다시 들판에 던졌더니, 이번에는 온갖 새들이 모여들어 날개로 덮어 주었어. 그래서 돌과 망치로 알을 깨 보려고 했지만, 아무리 두드려도 깨지지 않았어.

금와왕은 하는 수 없이 알을 유화 부인에게 돌려주었어. 유화 부인이 알을 잘 싸서 따뜻한 곳에 두었더니 알을 깨고 사내아이가 태어났어. 아이는 무럭무럭 자라 일곱 살이 되자 스스로 활과 화살을 만들어 쏠 줄 알았는데, 쏘았다 하면 백발백중이었어. 그래서 활을 잘 쏜다는 뜻으로 이름을 '주몽'이라고 붙였단다.

주몽이 워낙 똑똑하다 보니 금와왕의 아들들은 혹시 아버지가 자기들을 제치고 주몽에게 왕 자리를 물려 주지나 않을까 걱정이 되었어. 그래서 주몽을 죽일 계획을 세웠는데, 유화 부인이 눈치를 채고 주몽을 멀리 남쪽으로 보냈지.

말을 타고 달리며 몸을 틀어 활을 쏘는 모습. 주몽도 어릴 때부터 활과 말을 잘 다루었다고 한다.

주몽이 도망간 것을 안 왕자들은 서둘러 뒤를 쫓았어. 그런데 도망가던 주몽 앞에 큰 강물이 나타났어. 주몽이 강물을 보며 "나는 천제와 하백의 손자다. 지금 도망하는 중인데 쫓아오는 자들이 곧 따라잡게 생겼으니 어찌하면 좋겠는가?" 하자, 갑자기 물고기와 자라들이 떠올라 다리를 만들어 주는 거야. 주몽 일행이 강을 건너자 물고기와 자라들이 흩어져서 강 건너편에 있던 왕자들은 더 이상 주몽을 뒤쫓을 수 없었지. 계속 남으로 달리던 주몽은 압록강 중류의 졸본 지방에 이르러 터전을 잡고 고구려를 세웠단다.

이것이 주몽 신화의 줄거리란다. 너희도 주몽이 알에서 태어났다는 말을 곧이곧대로 믿지는 않을 거야. 그렇지만 이 신화는 여러 가지 사실을 전해 주고 있어.

먼저 주몽의 어머니가 물의 신 하백의 딸이라고 한 것은 그만큼 물을 귀하게 여겼다는 것을 알려 준다. 이것은 고구려를 세운 부족이 농사를 짓고 살았다는 것을 말해 주지. 원래 고구려 부족은 가축을 몰고 이동하며 살

오녀산성 주몽이 부여를 떠나 남쪽으로 내려와서 처음 도읍으로 삼은 졸본성으로 추정되는 산성. 중국 요령성 환인현 동북쪽에 자리 잡고 있다. 사방이 깎아지른 절벽이어서 외적을 막기에 좋은 지형을 이루고 있다.

아가던 유목민이었어. 그러다가 농사짓는 법을 알게 돼 한곳에 머물며 마을을 이루고 살았던 거지. 마을의 농부들은 농사철이 되면 하늘에서 내리는 빗물을 애타게 기다렸어. 물의 신이 비를 내려 주기를 간절히 바랐지. 그런 마음이 신화에 담긴 거란다.

또 주몽은 부여 출신이라는 사실을 알 수 있어. 부여는 고구려가 세워지기 훨씬 전부터 오늘날의 중국 창춘 부근에 터전을 잡고 발전하던 나라였는데, 주몽은 바로 그러한 부여의 후손이었지. 하지만 주몽은 부여에서 도망쳤기 때문에 고구려는 부여와 사이가 좋을 수 없었어. 실제로 이후 고구려와 부여는 끊임없이 전쟁을 벌이게 된단다.

【5부족 연맹 왕국에서 고대 국가로】

주몽이 졸본에 다다랐을 무렵, 그곳에는 벌써 많은 부족들이 자리를 잡고 살고 있었어. 그 가운데 가장 힘이 센 부족이 소노부·절노부·순노부·관노부·계루부, 이렇게 5개 부족이었어. 말하자면 주몽은 굴러들어온 돌이고, 그곳에는 이미 박힌 돌들이 있었다는 얘기지. 너희들도 한 동네에서 친한 친구들끼리 놀고 있는데, 새로 이사 온 아이가 불쑥 나타나면 잘 끼워 주지 않을 거야. 주몽도 마찬가지 신세였단다.

주몽은 머리를 썼어. 가장 힘센 부족장의 딸과 혼인해서 그 부족의 힘을 빌려 다른 부족들의 콧대를 꺾기로 한 거야. 그래서 가장 강한 부족인 소노부 부족장의 딸 소서노에게 접근했지. 소서노가 생각해 보니, 주몽 일행이 부여에서 발달한 철기 문화를 가져왔으므로 그들과 힘을 합치면 소노부의 힘이 더욱 커질 것 같았어. 그래서 주몽의 청혼을 받아들이고 그가 다른 부족들을 거느리면서 고구려를 세울 수 있도록 힘껏 도왔지. 기원전 37년, 드디어 주몽은 다섯 부족의 추대를 받아 왕이 되어 고구려를 세웠단다.

그런데 고구려가 첫 도읍지로 삼은 졸본성은 산이 많고 농사지을 땅은 넓지 않았어. 그래서 고구려는 일찍부터 주변 나라들을 공격해 땅을 빼앗아야 했단다. 주몽이 말을 잘 타고 활을 잘 쏘았다는 것은 그만큼 고구려 사람들이 용맹한 전사였다는 것을 말해 주지.

이렇게 용맹한 고구려는 북으로 부여를, 동으로는 옥저를, 남으로는 낙랑군과 대방군을, 서로는 중국 요동 지방을 공격해 땅을 넓혀 나갔어.

나라가 커짐에 따라 왕의 힘도 더욱 강해졌어. 그래서 나라를 세울 때 함께했던 5부족은 더 이상 독립된 부족이 아니라 오늘날의 경상도나 전라도처럼 나라 안의 행정 구역으로 변해 갔어. 그리고 부족장은 권한이 크게 약해져서 국왕에게 충성을 바치는 신하가 되었지.

왕의 힘이 강해지면서 부족장들이 모여 왕을 뽑던 관습은 점차 사라졌어. 그 대신 왕이 자신의 맏아들에게 다음 왕위를 물려주는 권한을 갖게 되었지. 힘이 강해진 왕은 그 힘으로 백성들을 더욱 세심히 살폈단다.

이를테면 서기 194년, 9대 고국천왕 때의 일이었어. 겨울 끝자락 새봄 녘이 되었는데, 곡식이 떨어져 백성들이 굶주리고 있었어. 지난해에 거두어 저장해 둔 곡식이 다 떨어져서 먹을 것이 없었던 거야. 고국천왕은 마음이 아팠지. 그래서 재상 을파소를 불러 이 문제를 해결할 방도를 찾아보게 했어. 을파소는 나라에서 봄에 백성들에게 곡식을 빌려 주고 가을 추수 때 돌려받는 진대법을 실시했지. 이런 사실을 통해 우리는 국왕이 백성들 보살피는 일을 더 이상 부족장에게 맡기지 않고 자기가 직접 챙기게 되었다는 것을 알 수 있단다.

고구려의 철제 농기구 철제 농기구는 이전에 사용하던 석기보다 튼튼하고 사용하기에 간편해서 적은 힘을 들여 땅을 일구고 많은 수확을 거둘 수 있었다.

　고국천왕의 뒤를 이은 왕들도 새로운 농사법을 개발해 수확량을 늘리는 데 힘을 쏟았어. 그 결과 사람이 힘들게 갈던 논밭을 소를 길들여 갈게 하는 우경법을 개발해 냈지. 또 더욱 튼튼한 쇠로 여러 가지 철제 농기구를 만들어 내게 했어. 그리하여 고구려는 주변 나라들보다 한발 앞선 농사 기술로 많은 곡식을 거두는 풍요로운 나라가 되었지.

　이렇게 해서 300년 무렵 고구려는 동아시아에서 아무도 함부로 넘보지 못할 강대국으로 성장했단다. 처음에는 다섯 부족의 연맹 왕국이었지만, 이제는 한 사람의 강력한 왕이 다스리는 어엿한 고대 국가로 발전해 갔지.

키워드 + **국내성**

돼지가 정해 준 고구려의 두 번째 도읍

주몽이 부여에서 남쪽으로 내려와 고구려를 세운 곳은 압록강의 한 갈래인 동가강 유역의 졸본 지방이었어. 그런데 이곳은 높은 산들로 둘러싸여 있고 들판은 적었단다. 그러다 보니 외적이 쳐들어오기 힘들어 공격을 막기에는 좋았지만 백성들이 먹을 식량을 얻기에는 땅이 좁았지. 그래서 주몽에게서 왕위를 이어받은 2대 유리왕은 좀 더 넓은 들판이 있는 곳으로 도읍을 옮기고 싶었어. 그런데 이때 졸본성 안에서 이상한 일이 벌어졌다고 해.

그 무렵 궁궐에서는 제사 때 쓸 돼지를 키우고 있었어. 그런데 어느 날 돼지들이 모두 사라진 거야. 돼지 키우기를 담당하던 관리는 사방으로 돼지를 찾으러 다녔지. 그러던 중 압록강 가의 넓은 들판에 돼지들이 있는 것을 발견했어. 새 도읍으로 삼기에 안성맞춤인 곳이었지. 오늘날 중국의 길림성(지린 성) 집안(지안)이라는 곳이야. 서기 3년 유리왕은 이곳에 국내성을 쌓고 도읍을 옮겼어.

《국내성 부근 유적》

❶ **국내성 터** 사각형 모양으로 성을 쌓았으며 둘레가 약 2.7킬로미터이다.

국내성 부근 출토 기와 고구려는 삼국 가운데 기와를 가장 먼저 사용했다.

❷ **천추총** 봉분 한 변의 길이가 85미터에 이르러 고구려의 옛 무덤 가운데 가장 크다. 고국양왕의 무덤으로 추정된다.

마선구 고분군

❷ 천추총

❸ **환도산성 터** 국내성 북서쪽에 병풍처럼 둘러 있는 환도산을 자연 그대로 이용해 만든 산성이다.

국내성은 고구려의 첫 도읍지였던 졸본성보다 농사지을 땅이 넓었어. 또 들판에 노루 같은 사냥감이 많았고, 압록강에서 많은 물고기를 잡을 수 있었어. 북쪽으로는 험준한 산이 솟아 있어 외적의 침입을 막기에도 좋았지.

유리왕은 국내성 뒤쪽에 있는 자연 그대로의 산을 이용해 환도산성을 쌓았어. 보통 때는 평지에 쌓은 국내성에 머물다가 외적이 쳐들어오면 산성으로 대피해 맞서 싸우기 위해서였지. 고구려 사람들은 도읍을 세울 때면 언제나 이렇게 평지성과 산성을 짝지어 쌓았단다.

국내성은 427년 장수왕이 도읍을 평양으로 옮길 때까지 400년 넘게 고구려의 도읍지였어. 국내성이 있던 곳은 오늘날 도시가 되어 아파트가 가득 들어서 있지만, 성벽만은 아파트 사이에 남아 있어 당시 국내성의 규모를 알 수 있단다. 또 국내성 근처에는 광개토 대왕비와 장군총을 비롯한 고구려 유적이 많이 남아 있어. 특히 무덤 안 석실 벽에 벽화가 많이 남아 있어서 고구려 사람들의 생활 모습을 생생하게 전해 주고 있단다.

❹ **광개토 대왕비** 국내성 북쪽에 세운 비로, 높이가 약 6.4미터이다.

❺ **태왕릉** 광개토 대왕비 앞에 있는 무덤으로, 고구려 6대 태조왕의 무덤이라는 주장과 광개토 대왕의 무덤이라는 주장이 있다.

❻ **장군총** 거대한 피라미드식 무덤이다. 원래의 모습을 그대로 간직한 유일한 무덤으로, 장수왕의 무덤이라는 주장이 있다.

키워드 15 　고대 국가

고대 국가가 되기 위한 조건들

오늘날 우리는 대한민국이라는 국가에서 살고 있지. 마치 우리가 공기를 마시고 살면서도 공기의 소중함을 잘 모르듯이 국가에 대해서도 마찬가지일 거야. 그런데 국가란 무엇일까? 국가는 우선 국경선으로 둘러싸인 영토를 가지고 있지. 그 안에는 국민들이 살고 있고. 무엇보다도 국민들을 다스리는 권력이라는 것이 있어. 권력이 없으면 국가라고 할 수 없지. 역사책에서 어느 나라가 "고대 국가를 이루었다."고 할 때는 바로 이러한 권력이 생겨났다는 뜻이야. 그렇다면 이때의 권력이란 구체적으로 무엇을 가리킬까?

【 고대 국가의 탄생 】

오랜 옛날 석기 시대에 우리 조상들은 위아래 없이 평등한 씨족 공동체를 이루며 살았어. 그러다가 청동기 시대에 이르러 부족 사회로 커졌고 지배 계급도 생겨났지. 바로 이때부터 권력이라는 것이 싹트기 시작한단다.

여러 씨족이 합쳐서 생긴 부족 사회는 일정한 지역에 터전을 잡고 살았어. 대부분 다른 부족이 쳐들어오지 못하도록 주위에 성을 쌓았지. 부족 마을마다 지도자가 있었고, 마을 규모는 아마도 오늘날의 면이나 군과 비슷했을 거야. 이를 '초기 국가'라고 한단다. 아직 국가라고 하기에는 다스리는 범위가 너무 작기 때문이지.

시간이 흐르면서 부족 사회로 이루어진 초기 국가가 여럿 생겼어. 그러자 이웃한 부족 사회끼리 서로 힘을 합쳐서 연맹을 맺게 되었어. 적게는 네댓 개 부족부터 많게는 수십 개 부족이 연맹을 이루었지. 이들 부족 사회는

한자리에 모여서 전체 연맹을 이끌어 갈 대표를 뽑고 왕이라 불렀어. 이를 '연맹 왕국'이라고 한단다.

연맹 왕국 또한 아직 국가라고 하기에는 일러. 왜냐하면 연맹 왕국의 왕은 전체 부족 사회를 대표할 뿐 각각의 부족 사회를 직접 다스릴 수 있는 권력은 없었기 때문이야. 각 부족 사회는 그곳을 다스리던 부족장이 그대로 다스렸단다. 어떻게 보면 이때의 왕은 '무늬만 왕'이었다고도 할 수 있지.

연맹 왕국의 왕은 주변의 다른 연맹 왕국과 전쟁을 벌이면서 점점 권력을 키우게 돼. 권력이 커지자 왕은 이제 연맹에 속한 부족 사회를 직접 다스릴 힘을 갖게 되었지. 이것을 '중앙 집권화'가 되었다고 한단다. 다시 말해 국가를 다스리는 권력이 각각의 부족 사회로 흩어지지 않고 왕이 중심이 된 중앙 정부에 집중되었다는 뜻이지. 이렇게 연맹 왕국이 중앙 집권화한 왕국으로 성장하면 이를 비로소 '고대 국가'라고 하는 거야.

【고대 국가의 뼈대, 율령】

우리 역사에서 고대 국가는 고구려·백제·신라에 이르러 만들어졌어. 이 삼국도 건국 초기에는 연맹 왕국의 수준을 벗어나지 못했지. 그러다가 점점 중앙 집권화한 고대 국가의 모습을 갖추게 되었단다. 그런데 중앙 집권화가 이루어졌는지 아닌지 구별하는 기준이 무엇일까?

그 기준 가운데 가장 기본적인 것이 율령이란다. 율령은 오늘날의 법을 가리키는 말이야. 연맹 왕국 시대에는 각각의 부족 사회를 그곳의 부족장이 다스려서 부족 사회마다 제각기 법이 달랐어. 그러다 보니 똑같이 남의 물건을 훔쳐도 그에 따른 벌은 부족 사회마다 달랐지.

그런데 중앙 집권화한 왕은 하나의 법을 만들어 모든 부족 사회가 이 법을 지키도록 한 거야. 이를테면 남의 물건을 훔친 자는 그 물건의 12배를 물어 주어야 한다고 정하고 모든 부족으로 하여금 이 법을 따르게 한 거지. 따라서 어느 왕이 '율령을 반포했다.'고 하면 그것은 부족장의 권한이 약해지

92

고 왕의 권력이 강해졌다는 사실을 말하는 거야. 이것은 곧 그 나라가 중앙 집권화한 고대 국가의 틀을 갖추게 되었음을 뜻하는 거란다.

【 백성의 마음을 왕에게로 모으는 힘, 불교 】

율령만 갖추었다고 해서 곧바로 고대 국가가 유지될 수 있는 것은 아니었어. 이전까지 부족 사회의 울타리 안에서 살던 사람들이 낯선 왕의 지배를 받아들이기 위해서는 무엇보다도 왕을 존경하는 마음이 있어야 했지.

우리나라 고대 국가의 왕들은 백성들의 마음을 하나로 모아 자신에게 충성하도록 하는 데 불교를 이용했어. 불교는 기원전 500년 무렵 인도에서 석가모니가 만든 종교야. 그 뒤 불교는 중국으로 전해졌고, 많은 사람들이 석가모니를 부처님으로 경배하면서 석가모니의 가르침을 믿게 되었지.

중국의 왕들은 불교를 받아들여 큰 절을 짓고 부처님 상을 모셔 백성들에게 불교를 믿게 했어. 그러면서 은연중에 백성들이 자신과 부처님을 같은 등급으로 여기도록 이끌었어. 그러자 백성들도 점점 부처님을 숭배하는 마음으로 왕에게도 충성을 바치게 되었지. 이것을 '호국 불교'라고 해.

우리나라 삼국 시대의 왕들도 중국의 호국 불교를 받아들이기 시작했어. 백성들은 저마다 자기 부족 나름의 신앙이 있어서 처음에는 외국에서 들어온 낯선 종교를 쉽게 받아들이려 하지 않았단다. 특히 부족장들은 종교 지도자이기도 했기 때문에, 불교가 자신의 권한을 빼앗아 간다고 생각해서 크게 반발했어. 하지만 그럴수록 왕들은 더욱더 불교를 널리 퍼뜨리려고 했어. 중국에서와 마찬가지로 백성들이 불교를 믿으면 부족장에 대한 충성심이 왕에 대한 충성심으로 바뀔 것이라고 생각했기 때문이야.

그래서 왕이 '불교를 공인했다.'는 것은 율령 반포와 함께 그 나라가 고대 국가의 틀을 갖추었다는 중요한 요소가 된단다.

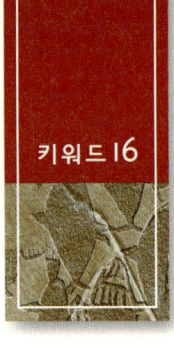

키워드 16 **소수림왕**

고구려, 고대 국가에 올라서다

고구려는 소수림왕 때 연맹 왕국의 틀을 벗고 고대 국가의 지위로 올라섰어. 소수림왕은 즉위한 이듬해인 372년에 중국에서 온 승려들을 받아들여 불교를 공인하고, 태학을 세워 인재들을 기르기 시작했어. 373년에는 그동안 준비해 온 율령을 반포했지. 이렇게 해서 고구려는 단번에 고대 국가 수준에 올라서게 되었어. 그런데 소수림왕이 이런 업적을 쌓게 된 데에는 남다른 사정이 있었단다.

【 승승장구하는 고구려 】

고구려는 압록강 중류 지역에 나라를 세운 뒤 주변의 부족들과 작은 나라들을 정복하며 영토를 넓혀 나갔어. 고구려 민족은 예부터 활쏘기와 말타기에 능한 데다 사냥 기술이 뛰어나서 다른 부족과 전쟁을 벌이면 쉽게 이길 수 있었어. 게다가 주몽이 처음 도읍을 정한 졸본성과 유리왕 때 옮긴 국내성은 모두 주변에 산이 많고 평야는 적었지. 그래서 고구려는 이웃 나라들을 정복해 땅을 넓히는 데 온 힘을 쏟았단다.

무용총 벽화의 사냥 모습

먼저 동쪽으로는 옥저를 쳐서 동해안까지 땅을 넓혔어. 북으로는 시조 주몽의 아버지 나라인 부여를 쳐서 대소왕을 죽이고 항복을 받아 냈지. 가장 넓은 평야는 서쪽 요동 지방과 남쪽 대동강 유역에 있었어. 이후 고구려는 이 두 지역을 차지하기 위해 온 힘을 쏟았어.

그런데 2세기 끝 무렵, 요동 지방을 차지하고 있던 한나라가 북방 선비족의 공격을 받아 힘이 약해졌어. 고구려는 이 틈을 놓치지 않고 요동 지방으로 공격해 들어가 많은 땅을 차지했지. 그리고 드디어 313년, 미천왕은 남쪽 대동강 유역을 차지하고 있던 낙랑군을 점령했어. 이로써 고조선이 멸망한 뒤 한나라가 옛 고조선 땅에 설치했던 한사군은 모두 한반도에서 물러나게 되었단다.

전투를 벌일 때마다 승리를 거두자 고구려는 주변 나라들을 얕보기 시작했어. 반면 주변 나라들은 고구려에 맞서기 위해 힘을 키워 갔지. 특히 한나라가 멸망한 뒤 요동 지방에서는 모용 선비족이 연나라를 세워 고구려를 넘보았어. 또 남쪽 국경선 밖에서는 백제가 성장해 고구려를 압박했어.

모용 선비족의 사냥 모습 모용 선비족 또한 북방 유목 민족인 만큼 활쏘기와 말타기에 뛰어났다.

그러다가 마침내 소수림왕의 아버지인 고국원왕 때 일이 터지고 말았어. 연나라가 쳐들어와 순식간에 국내성을 점령해 버린 거야. 고국원왕은 도읍을 버리고 멀리 도망쳐야 했지. 적군은 고국원왕의 아버지 미천왕의 무덤을 파헤쳐서 시신을 꺼내고 어머니를 인질로 잡아갔어. 이 일을 계기로 고구려는 더 이상 요동 지방을 넘보기가 힘들게 되었지.

고국원왕은 서쪽 길이 막히자 남쪽으로 눈길을 돌렸어. 백제를 쳐서 한강 유역을 빼앗기로 한 거야. 그 무렵 백제는 근초고왕이라는 훌륭한 왕이 다스리고 있었어. 고국원왕이 쳐들어오자 근초고왕은 오히려 강력하게 반격했지. 백제를 얕본 고국원왕은 도리어 평양성까지 쳐들어온 백제군에게 목숨을 잃고 말았단다.

【 집안 살림에 힘을 쏟다 】

소수림왕은 아버지가 비참하게 죽는 것을 자기 눈으로 보고 왕위에 올랐어. 그는 남쪽 하늘을 바라보고 두 주먹을 불끈 쥐며 복수를 다짐했지. 하지만 소수림왕은 총명한 왕이어서 무작정 백제로 쳐들어가지는 않았단다.

소수림왕은 고구려가 왜 주변 나라에 연이어 당했는지 그 까닭을 곰곰이 생각한 끝에, 그동안 고구려가 밖으로 정복 전쟁에만 힘을 쏟아붓느라 집안 살림을 소홀히 해 왔다는 점을 깨달았어. 그래서 더 이상의 정복 전쟁은 중지하고 나라 안 살림을 보살피기 시작했지.

먼저 불교를 받아들여 널리 믿게 해서 그동안 부족별로 흩어져 있던 백성들의 마음을 왕에게로 모았어. 그리고 오늘날의 국립 대학 같은 태학을 세웠지. 소수림왕이 이렇게 국립 학교를 세운 까닭은 나라를 다스릴 인재가 필요했기 때문이야. 그전까지는 각 부족에서 관리를 뽑았는데, 그들은 왕에게 충성하기보다는 마음이 늘 자기 부족에게 가 있었어. 그래서 왕이 직접

해 뚫음 무늬 금동 장식 평양시 진파리 7호 무덤에서 출토된 유물로, 베개의 양옆을 장식한 금동판으로 보인다. 섬세하게 세공한 무늬가 마치 불타오르는 듯한 느낌을 불러일으킨다. 한가운데 무늬 안에는 고구려에서 신성한 새로 떠받든 다리 셋 달린 까마귀 삼족오가 새겨져 있다.

학교를 세워 관리가 될 사람들을 길러 내기로 한 거야. 그리고 마침내 국가의 법률인 율령을 만들어 전국에 선포했어.

 소수림왕의 개혁을 바탕으로 고구려는 연맹 왕국의 틀에서 벗어나 고대 국가로 한 단계 발전하게 되었어. 이러한 소수림왕의 업적이 밑바탕이 되었기 때문에 이후 광개토 대왕이 등장해 고구려를 동북아시아의 최강국으로 만들 수 있었단다.

키워드 17 　불교

삼국은 왜 모두 불교를 받아들였을까

고구려·백제·신라는 모두 중국에서 불교를 받아들여 나라의 종교로 삼았어. 불교는 부처님의 가르침을 따르는 종교야. 그런데 불교의 어떤 점이 좋아서 고대 국가들은 앞다투어 불교를 받아들이려고 한 걸까?

【 불교는 어떤 종교일까 】

불교는 기원전 500년 무렵 인도 북부에서 석가모니가 창시한 종교야. 석가모니는 이 세상 사람들이 온갖 고통에 시달리며 살아가는 것을 보고는 그 원인이 어디에 있을까 고민했어. 그러던 어느 날 보리수나무 아래에서 문득 깨달음을 얻었지.

그 뒤로 석가모니는 인도를 두루 돌아다니며 사람들에게 깨달음에 이르는 길을 가르치고 삶의 고통에서 벗어나게 해 주기 위해 노력했어. 석가모니가 죽은 뒤 제자들이 석가모니의 가르침을 글로 적어 널리 퍼뜨리기 시작했지. 이렇게 해서 불교라는 종교가 성립하게 된 거야.

인도에서 크게 일어나 퍼지던 불교는 한나라 때 중국에 전해졌지만, 초기에는 크게 퍼지지 못했어. 그런데 한나라가 멸망한 뒤부터 몇백 년 동안 중국 대륙에는 여러 나라가 생겨나 서로 전쟁을 벌이는 혼란 상태에 빠졌어. 이렇게 세상이 어지러워지자 많은 사람들이 불교에 빠져들기 시작했어. 불교는 이 세상의 고통에서 벗어나는 길을 가르쳐 주는 종교였으니까.

한편으로는 왕들 가운데 앞장서서 불교를 받아들이고 백성들에게 불교를 믿게 하는 이들도 있었어. 그들에게는 나름의 속셈이 있었지. 사람들이 부

황제의 모습을 한 석가모니 혼란했던 중국 대륙을 통일한 북위의 황제를 새긴 불상이다. 중국에서 가장 큰 석굴 사원인 운강 석굴 20호 굴에 있다.

처님을 섬기듯 자신을 섬겨 주기를 바랐던 거야. 그런 왕들이 당시에 세운 많은 불상의 얼굴은 사실 부처님의 얼굴이라기보다는 왕 자신의 얼굴이었단다.

【 한반도로 건너온 불교 】

중국의 불교는 곧이어 한반도와 일본으로 전해졌어. 그 무렵 한반도에는 고구려·백제·신라 삼국이 서로 세력을 겨루고 있었어. 삼국의 왕들은 중국의 발달한 문물을 받아들여 나라를 강하게 키우고 싶어 했는데, 그 문물 중에 불교도 있었단다.

불교를 받아들이기 전의 삼국은 아직 연맹 왕국의 틀을 벗어나지 못하고 있었어. 그래서 부족마다 섬기는 신들이 따로 있었단다. 왕은 불교를 받아

고구려의 연가 7년이 새겨진 부처
경상남도 의령에서 발견된 불상이다. 광배 뒷면에 연가 7년에 만들어졌다는 글이 새겨져 있다. '연가'는 고구려가 쓰던 연호로, 연가 7년은 539년을 뜻한다. 옛 신라 영역에서 출토된 것으로 보아 6세기에 고구려의 힘이 신라에까지 미쳤음을 알 수 있다. 국보 119호.

들여 모든 백성들로 하여금 한 목소리로 불경을 외우게 함으로써 부족들 사이를 가로막고 있던 벽을 허물어 버리려고 했어. 또 중국에서처럼 백성들이 부처님을 섬기듯 자신을 섬기게 하려는 속셈도 있었지.

가장 먼저 불교를 받아들인 나라는 중국과 직접 국경을 맞대고 있던 고구려였어. 당시 소수림왕은 위축돼 있는 나라를 다시 일으켜 세우기 위해 안간힘을 쓰고 있었어. 그래서 불교를 받아들이는 데에도 적극적이었지. 소수림왕은 372년 중국 전진에서 순도라는 스님이 불경과 불상을 가지고 오자 그를 높이 받들었어. 나중에는 절을 지어 머물게 하며 온 나라에 불교를 널리 퍼뜨리게 했단다.

곧이어 384년에는 백제에도

백제의 정림사지 5층 석탑 부여에 있던 정림사에 세운 돌탑이다. 중국에서는 탑을 나무로 지었는데, 백제는 돌을 나무처럼 깎아서 돌탑을 세웠다. 국보 9호.

중국 동진에서 마라난타라는 스님이 불경을 가지고 왔어. 마라난타는 인도 사람이니 꽤나 먼 길을 온 거지. 백제의 침류왕은 마라난타를 귀한 손님으로 대접하고 이듬해에는 도읍에 절을 세워 머물게 했어. 이때부터 백제 사람들에게 불교가 널리 퍼지기 시작했단다.

신라는 한반도 동남쪽에 치우쳐 있어서 고구려를 통해 불교가 전해졌어. 하지만 신라는 고구려나 백제보다 발전이 늦었기 때문에 신라의 왕들은 불교를 받아들이는 데 관심이 적었지.

신라에서는 527년에야 뒤늦게 법흥왕이 정식으로 불교를 받아들였어. 그런데 신라가 불교를 받아들이는 과정에서는 고구려나 백제와 달리 귀족 세력의 반발이 심했어. 부족마다 예부터 믿어 오던 신앙을 버릴 수 없다며 강력하게 반대했기 때문이야. 그러다가 충신 이차돈의 희생을 계기로 어렵사리 불교를 공인하게 되지.

이렇게 삼국은 불교를 받아들여 나라의 종교로 삼음으로써 연맹 왕국에서 고대 국가로 발돋움하는 중요한 계기를 마련했단다.

금동 미륵보살 반가사유상
한쪽 손을 턱에 괴고 깊은 생각에 잠겨 있는 부처를 조각한 것이다. 신라 사람들의 세련된 조각 기술을 느낄 수 있다. 국보 78호.

키워드 18 | 광개토 대왕

고구려, 세계의 중심에 서다

광개토 대왕은 고구려의 땅을 크게 넓힌 왕이야. 남쪽으로는 한강 또는 임진강이 경계선이었고, 북쪽으로는 만주 평야의 대부분이 고구려 땅이 되었지. 서쪽으로는 요하를 경계로 그 동쪽인 요동 지방이 고구려 영토에 들어왔어. 지금 우리 대한민국 영토와 비교하면 엄청나게 넓은 땅이지. 그래서 고구려나 광개토 대왕이라는 말만 들어도 가슴 뿌듯해하는 사람들이 많아. 하지만 광개토 대왕이 단지 땅을 넓혔기 때문에 위대한 것은 아니란다. 자, 그러면 광개토 대왕이 어떤 점에서 훌륭했는지 차근차근 살펴보자.

【 큰 뜻을 품다 】

391년, 광개토 대왕은 고국양왕의 뒤를 이어 열여덟 살의 나이로 왕위에 올랐어. 이 무렵 고구려는 광개토 대왕의 큰아버지인 17대 소수림왕이 나라의 기틀을 튼튼하게 다져 두어 어엿한 고대 국가의 모습을 갖추고 있었어.

그렇지만 나라 밖 정세는 썩 좋지 않았단다. 서쪽에서는 북방 유목 민족이 세운 나라인 후연이 쳐들어와 땅을 빼앗아 갔고, 남쪽에서는 백제가 시시때때로 쳐들어오곤 했지. 예전에도 광개토 대왕의 할아버지인 고국원왕이 고구려로 쳐들어온 백제군과 맞서 싸우다가 전사한 적이 있었어.

이런 상황에서 왕위에 오른 광개토 대왕은 무엇보다도 먼저 주변 나라들의 침략에서 나라를 지켜야 한다고 생각했지. 그런데 광개토 대왕은 단순히 나라를 지킨다는 소극적인 자세에 머무르지 않고 먼저 적을 공격해서 무릎 꿇게 해야겠다고 작정했어.

광개토 대왕은 전쟁에서 한 차례 이긴다고 해서 나라의 안전이 영원히 보장되는 것은 아니라고 생각했어. 주변 나라들이 영원히 고구려를 넘보지 못하도록 근본적인 대책을 세워야겠다고 생각한 거지.

생각을 거듭한 끝에 광개토 대왕의 머릿속에는 설계도가 하나 그려졌어. 마치 도넛과 비슷한 그림이었을 거야. 동그라미의 한가운데에 고구려를 두고, 고구려를 둘러싼 동그란 띠에는 '정복', 그 바깥 부분에는 '조공'이라고 써 놓았어. 무슨 뜻이냐 하면, 1차로 고구려와 국경을 맞대고 있는 주변 나라들은 모두 정복해서 고구려의 영토로 삼고, 그다음 바깥쪽 나라들은 고구려에 조공(강대국에 종속된 나라가 때를 맞추어 강대국에 바치는 예물)을 바치는 신하 나라로 만들겠다는 거야. 그렇게 하면 아무리 강한 외적이라도 몇 겹의 나라들로 둘러싸인 고구려를 쉽게 공격해 올 수 없게 되리라는 것이었지.

광개토 대왕의 계획에 따르면 정복 대상이 되는 나라는 북쪽의 부여, 동쪽의 옥저와 동예, 남쪽의 신라와 백제, 서쪽의 후연이었어. 조공국으로 삼을 나라는 북쪽으로 말갈을 비롯한 여러 북방 유목 민족이었고, 동쪽으로는 바다 건너 왜(오늘날의 일본), 서쪽으로는 북위와 동진 등 중국 대륙에 세워진 나라들이었어.

【 사방으로 진격하는 고구려군 】

광개토 대왕이 먼저 화살을 겨눈 곳은 백제였어. 그 이유는 물론 할아버지 고국원

광개토 대왕 동상
고구려 유적(아차산 보루)이 있는 경기도 구리시에 세워졌다.

왕의 원수를 갚아야 한다는 데 있었지. 하지만 더 중요한 이유는 백제가 차지하고 있는 한강 일대가 전략적으로 중요한 지역이라는 점 때문이었어. 한강 일대는 한반도의 중간 허리에 해당하는 곳이었거든. 게다가 한강 유역은 기름진 평야에서 많은 곡식을 거두어들일 수 있고 바닷길을 통해 중국 남부와 교류하기도 쉬웠단다. 그래서 고구려뿐만 아니라 나중에 신라도 늘 한강 유역을 탐냈지. 한강 유역을 누가 차지하느냐에 따라 그 나라의 흥망성쇠가 좌우되기도 했어.

광개토 대왕은 백제가 한강 북쪽 임진강을 경계로 삼아 강가를 따라 많은 성을 쌓아 두었다는 것을 알고는 돌파하기가 쉽지 않겠다고 생각했어. 그래서 396년, 해군을 이끌고 서해로 내려간 다음 한강으로 들어가 백제의 도읍을 직접 공격했어. 과연 육지만 방어하고 있던 백제는 한강으로 쳐들어온 고구려군의 기습에 그만 도읍을 함락당하고 말았지. 백제의 아신왕은 광개토 대왕 앞에 무릎을 꿇고, "다시는 대들지 않고 영원히 고구려를 섬기겠다."고 항복하여 겨우 나라를 구할 수 있었단다.

그런데 백제의 아신왕은 진심으로 항복한 게 아니었어. 다시 힘을 모아 언젠가는 고구려에 맞서겠다고 생각했지. 그래서 백제와 이웃해 있는 가야, 바다 건너 왜와 힘을 모으기로 했어. 그리고 이 삼국 연합군으로 먼저 신라를 점령해 강한 세력을 만들기로 했지.

400년에 백제·가야·왜의 삼국 연합군이 신라로 쳐들어가자 신라는 바람 앞의 촛불처럼 위태로워졌어. 신라의 내물왕은 할 수 없이 고구려에 사신을 보내 도와달라고 했어. 광개토 대왕은 곰곰이 생각한 끝에 이번이 신라를 집어삼킬 좋은 기회라고 판단했지. 그래서 용맹한 군사 5만 명을 신라로 보내 삼국 연합군을 무찌르게 했어. 그리고 전투가 끝난 뒤에도 철수시키지 않고 신라 땅에 머물게 했어. 그러면서 신라의 정치에 이래라저래라

〔전성기(4~5세기)의 고구려〕

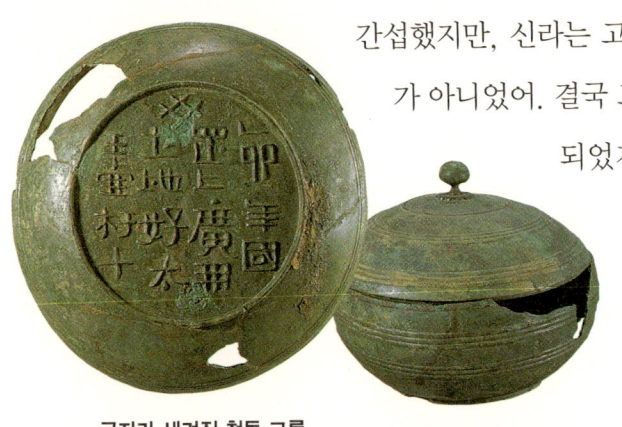

글자가 새겨진 청동 그릇
신라의 옛 무덤인 호우총에서 발굴된 그릇으로, 그릇 바닥에 '을묘년국강상광개토지호태왕호우십'이라는 글자가 새겨져 있다. 을묘년(415년)에 고구려에서 만들어 신라에 전해 준 것으로 보인다.

간섭했지만, 신라는 고구려 군대를 함부로 대할 처지가 아니었어. 결국 고구려군이 신라를 점령한 셈이 되었지. 얼떨결에 고구려의 종속국이 된 신라는 어처구니가 없었지만 어쩔 도리가 없었단다.

광개토 대왕이 다음 목표로 삼은 곳은 서쪽의 요동 지방이었어. 이곳은 중국 대륙에서 만주 평원으로 통하는 길목이었고, 반대로 북방 유목 민족들에게는 중국 대륙으로 들어가는 현관 같은 중요한 지역이었어. 그래서 예부터 서로 요동을 차지하려고 다투어 왔지.

광개토 대왕 때는 후연이 요동을 차지하고 있었어. 광개토 대왕은 철갑 기병 등 최정예 부대를 뽑아 치밀하게 준비한 뒤 후연으로 물밀듯이 쳐들어갔어. 강한 고구려군의 공격을 받은 후연은 오래 버티지 못하고 무너지고 말았지. 광개토 대왕은 고구려 사람을 우두머리로 내세워 요동을 다스리게 했어.

이 밖에도 광개토 대왕은 거란, 숙신, 동부여 등을 공격해 항복을 받아 내고 아예 고구려를 넘보지 못하도록 단속했어. 광개토 대왕의 계획은 이렇게 하나 둘씩 이루어져 갔지.

【 세계의 중심 국가가 되다 】

동서남북 전장을 밤낮없이 누비던 광개토 대왕은 413년, 서른아홉 살 젊은 나이에 그만 세상을 뜨고 말았단다. 처음 계획대로 꿈을 다 이루지는 못했지만, 고구려는 어느덧 동아시아의 최대 강국이 되어 있었어.

광개토 대왕이 고구려를 강대국으로 만들 수 있었던 비결은 원대한 계획을 세우고 그것을 이루기 위해 하루도 쉬지 않고 노력한 데 있었어. 병사뿐만 아니라 말까지 철제 갑옷과 투구로 무장한 고구려의 철갑 기병은 당해 낼 상대가 없을 만큼 강했다고 해. 한편으로는 나라 바깥 사정도 고구려를 도왔지. 중국의 강대국이었던 한나라가 220년에 멸망한 뒤로 중국 대륙은 여러 나라로 쪼개져 서로 다투면서 약해져 있었거든. 광개토 대왕은 이러한 상황을 정확하게 바라보고 고구려를 성장시키는 계기로 삼았던 거야.

쌍영총 벽화에 그려진 **철갑 기병**

나중에 고구려가 멸망한 뒤 통일 신라와 발해, 고려, 조선의 순서로 역사가 이어졌지. 이 나라들은 모두 중국을 세계의 중심으로 여겼단다. 그래서 중국에 조공을 바치고 그 대가로 중국의 발달한 문물을 받아들이는 외교 관계를 맺었어. 이것을 사대 외교라고 해.

그런데 광개토 대왕은 세계의 중심은 당당하게 고구려 자신이어야 한다고 생각했어. 그래서 고구려를 한가운데 두고 주변 나라들을 정벌해 나갔던 거야. 중국에 조공을 바치는 일은 아예 생각하지도 않았지. 우리 역사에서 그런 나라는 고구려뿐이었어. 광개토 대왕이 위대한 이유는 단순히 땅을 넓혔다는 데 있는 것이 아니라, 바로 이렇게 고구려가 중심이 되는 국제 질서를 생각하고 그것을 실제로 이루어 냈다는 데 있는 거란다.

키워드 19 　　평양 천도

장수왕이 평양으로 도읍을 옮긴 까닭

광개토 대왕의 뒤를 이어 왕위에 오른 장수왕은 아버지가 확보해 놓은 땅을 지키는 동시에, 넓어진 영토에 걸맞게 나라의 운영 방식도 바꾸어야 했어. 그 가운데 가장 큰 일이 도읍을 국내성에서 평양으로 옮기는 것이었지.

평양은 국내성이 있던 압록강 중류에서 훨씬 남쪽으로 내려온 대동강 가에 자리 잡고 있어. 그래서 장수왕의 평양 천도를 남진 정책이라고도 한단다. 그런데 장수왕은 왜 드넓은 만주 평원을 등지고 좁은 한반도로 내려오려고 한 걸까?

【 왜 평양일까 】

불행하게도 장수왕은 자기가 왜 평양으로 도읍을 옮겼는지에 관해 아무 기록도 남기지 않았단다. 그래서 우리는 추측을 해 보는 수밖에 없지.

먼저 중국의 정세 변화가 장수왕에게 여러 가지 생각을 하게 만들었을 거야. 일찍이 서기 220년 한나라가 멸망한 뒤 중국은 몹시 혼란한 상태에 빠져들었어. 특히 4세기 무렵부터 중국의 화북 지방에서는 북방 유목 민족들이 내려와 제각기 나라를 세웠다가 사라지는 5호 16국 시대가 펼쳐졌어. 장수왕이 즉위하던 413년 무렵에는 그중 북위라는 나라가 강성한 힘을 뽐내며 화북 지방의 패권을 거머쥐기 시작했어. 그러니 장수왕은 앞으로 고구려와 북위의 한판 대결을 피할 수 없다고 생각했겠지.

그런데 압록강 중류에 자리 잡은 도읍 국내성은 북위와의 국경선에서 너무 가까웠어. 북위와 전쟁을 하게 될 경우, 자칫하면 북위 군대가 아주 쉽게 도달할 수 있는 위치였지. 무엇보다도 이 문제 때문에 장수왕은 도읍을

고구려의 천도
고구려는 시조 주몽이 졸본성에 도읍을 정했으나 서기 3년에 2대 유리왕이 국내성으로 도읍을 옮겼고, 427년에 다시 20대 장수왕이 평양으로 도읍을 옮겼다.

옮길 필요성을 느꼈을 거야.

한편으로 고구려 남쪽 국경선 너머에 있는 한강 유역은 아버지 광개토 대왕 때부터 정복의 대상이었어. 장수왕도 언젠가는 그곳을 차지하고 있는 백제를 몰아내고 고구려 영토로 삼아야겠다고 생각했지. 이를 위해서 먼저 한강과 가까운 곳으로 도읍을 옮겨 정책 방향을 분명히 할 필요가 있었어.

이처럼 북위와 백제 두 나라에 대한 대비책을 동시에 만족시키는 방안을 찾다 보니 평양으로 도읍을 옮겨야겠다는 생각이 떠오른 거야. 평양은 중국과의 국경선에서 멀리 떨어져 있어 국방 측면에서 안전한 곳이었지. 비록 평양이 남쪽으로 치우친 면은 있지만, 이것은 백제를 정벌해 영토를 넓히면 자연히 해결될 문제였어. 백제 땅만 차지하면 전체적으로는 평양이 나라의 중심에 있게 되는 셈이니까.

평양 천도

또 평양은 지리적인 위치만으로도 국내성이 갖추지 못한 장점이 많았어. 우선 국내성은 주위가 높은 산들로 둘러싸여 있어서 외적의 침입을 막아 내기에는 좋았지만 농사지을 평야는 평양보다 적었지. 평양 일대에는 대동강을 젖줄로 하는 드넓은 평야가 펼쳐져 있었어. 기후가 따뜻하고 비도 적당히 내려서 농사짓기에 알맞았지. 높고 험한 산에서 사냥을 하며 살던 고구려 민족에게 평양은 무척이나 기름진 땅이었던 거야.

평양은 나라끼리 교역을 하는 데에도 아주 중요한 위치를 차지하고 있었어. 평양은 원래 우리 민족이 맨 처음으로 세운 나라 고조선이 도읍으로 삼

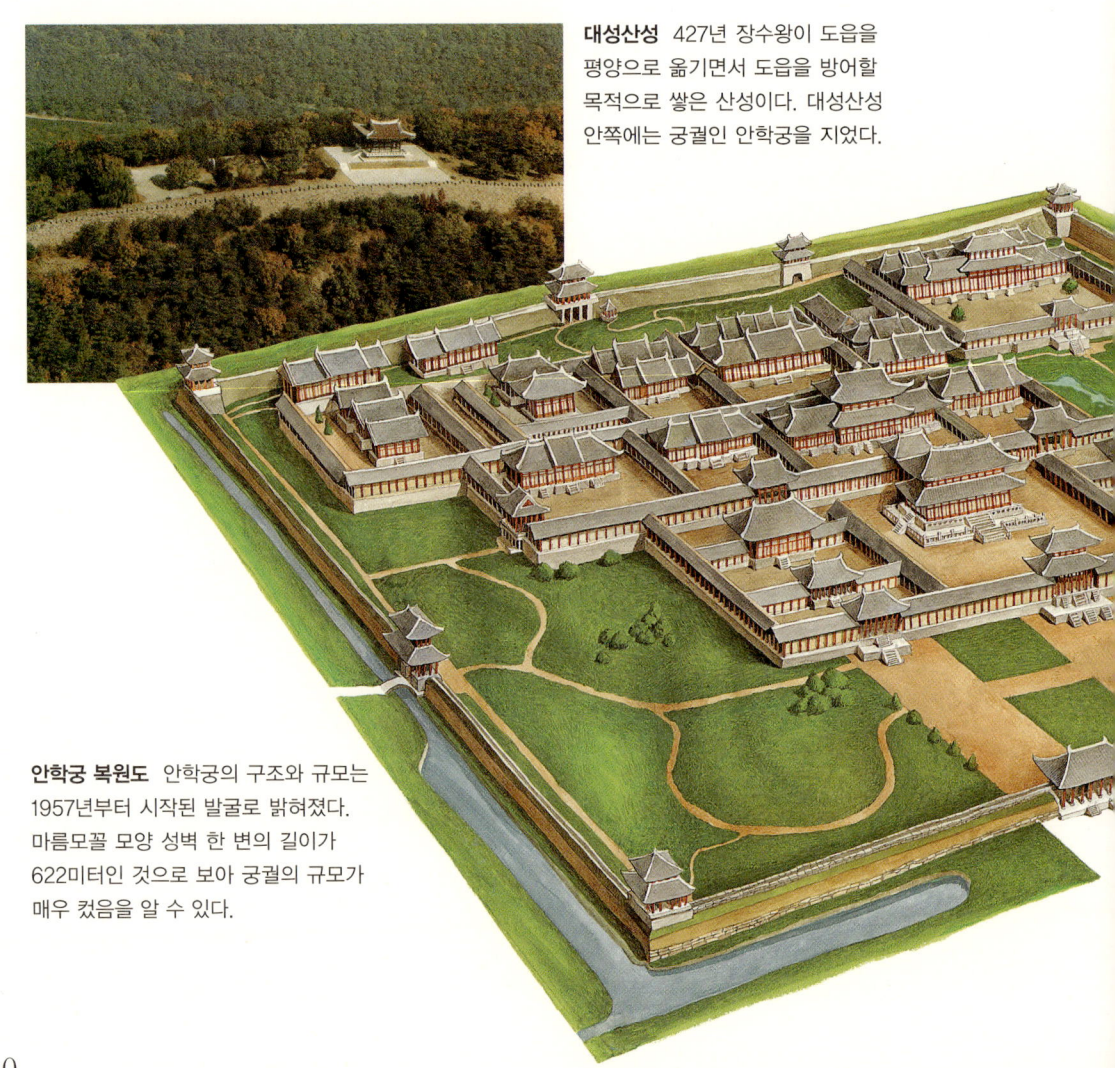

대성산성 427년 장수왕이 도읍을 평양으로 옮기면서 도읍을 방어할 목적으로 쌓은 산성이다. 대성산성 안쪽에는 궁궐인 안학궁을 지었다.

안학궁 복원도 안학궁의 구조와 규모는 1957년부터 시작된 발굴로 밝혀졌다. 마름모꼴 모양 성벽 한 변의 길이가 622미터인 것으로 보아 궁궐의 규모가 매우 컸음을 알 수 있다.

앗던 곳이야. 고조선을 멸망시킨 한나라는 이곳에 낙랑군을 두어 다스렸지. 그 무렵 한반도에 살던 여러 부족은 물론 바다 건너 왜도 평양 지역의 낙랑군을 통해 중국의 발달한 문물을 받아들였어. 말하자면 평양은 중국의 문물이 동아시아의 여러 나라로 전해지는 통로 구실을 하고 있던 셈이지. 이렇게 평양은 여러모로 고구려에 중요한 지역이었어.

【 따뜻한 남쪽 나라로 】

장수왕은 마침내 결단을 내려 427년에 평양으로 도읍을 옮겼단다. 장수왕은 대동강을 굽어보는 대성산성 남쪽 기슭에 궁성을 짓고 안학궁이라고 했어. 사방 600미터 남짓 되는 마름모꼴 궁성 안에는 궁궐 건물 50여 채가 들어서 있었지. 고구려는 도읍을 세울 때 늘 평지성과 산성을 함께 지었는데, 이번에도 어김없이 안학궁 뒤 대성산에 산성을 쌓았어. 외적이 쳐들어올 때를 대비한 곳이었지.

장수왕은 평양을 중심으로 나라의 기틀을 다시 세워 나가는 한편 본격적인 남진 정책을 펴 백제를 압박하기 시작했어. 백제는 고구려를 막기 위해 신라와 동맹을 맺는가 하면 중국·왜와 긴밀하게 접촉하는 등 여러 면으로 노력했지.

장수왕은 465년에 북위와 평화적인 외교 관계를 맺었어. 서쪽 국경선에서 분쟁이 일어날 위험은 없어진 셈이었지. 그러자 고구려는 백제를 더욱 압박해 들어갔어. 궁지에 몰린 백제의 개로왕은 북위에 고구려를 정벌해 달라고 요청했어. 하지만 북위는 백제의 요청을 뿌리치고 오히려 고구려에 백제의 전략을 알려 주었단다. 북위는 백제보다 고구려와의 관계가 더

《아차산 제4보루 복원도》
장수왕이 백제의 도읍 하남 위례성을 공격할 때 아차산에 군대를 주둔시키고 그곳에 병영을 지었는데, 그 유적지를 토대로 당시의 병영 모습을 복원한 것이다.

중요했거든. 화가 난 장수왕은 이제야말로 백제를 칠 때가 왔다고 생각했지. 백제를 정벌해 한반도 중부 지방을 차지해야겠다고 말이야.

475년, 장수왕은 드디어 백제를 향해 전면 공격을 시작했어. 백제의 도읍 하남 위례성을 공격해 점령하

중원 고구려비 충청북도 충주시에서 발견된 고구려의 비석이다. 장수왕이 충주까지 진출해 영역을 넓히고 세운 비석으로 추정된다. 국보 205호.

고 개로왕을 죽인 뒤 한강 유역을 차지했지. 장수왕은 그 뒤에도 계속 남진 정책을 펴 나가 신라 북부의 땅 일부까지 차지함으로써 한반도 중부를 완전히 장악하는 데 성공했단다.

【 고구려를 장수하게 하다 】

광개토 대왕이 정복 전쟁으로 나라의 영토를 넓혔다면, 장수왕은 외교를 통해 고구려를 강대국으로 더욱 발전시켰어. 북중국을 통일한 북위와 외교 관계를 맺어 사이좋게 지내는 한편, 북위와 짜고 고구려를 공격하려는 백제는 혼쭐을 내 주었지. 그러면서 북위와 적대 관계에 있는 중국 남조의 여러 나라와도 외교 관계를 맺어 북위를 압박하기도 했어. 그러다 보니 북위는 고구려가 당돌하게 굴어도 함부로 고구려를 공격할 수가 없었지.

장수왕은 무려 79년 동안이나 나라를 다스리며 고구려를 동아시아의 강대국으로 만들었어. 죽을 때 나이는 98세였지. 이렇게 오래 살아서 장수왕이라는 이름을 얻었지만, 장수왕은 개인적으로만 장수한 것이 아니라 고구려를 장수하게 한 왕이기도 했단다.

키워드+ **평양성**

대동강 가에 세운 신도시

장수왕은 427년에 국내성에서 평양으로 도읍을 옮겼어. 그때 평양에 세운 궁성이 안학궁이었지. 그런데 세월이 흐르면서 나라 살림이 커지자 장수왕 때 지은 안학궁은 이제 비좁아져 더 넓은 궁성이 필요해졌어. 그래서 대동강을 따라 조금 더 아래로 내려가 넓은 터에 새로 궁성을 쌓았지. 이곳이 바로 평양성이야. 양원왕 때인 552년부터 공사를 시작하여 42년 만인 593년에 완공한 대규모 성이지. 성벽의 전체 둘레가 23킬로미터나 되고, 성벽의 높이는 5미터에서 9미터까지 이르렀어.

평양성은 남쪽으로는 대동강이, 북쪽으로는 보통강이 외부의 침입을 자연스럽게 막아 주고, 육지로 통하는 동북쪽에는 모란봉이 버티고 서 있어 외적을 막기에 안성맞춤이었지. 무엇보다 평양성은 이전의 국내성이나 안학궁과 달리 왕과 지배층뿐만 아니라 일반 백성들까지 거주하는 최초의 도성이었어. 전에는 왕과 지배층의 주거 지역만 보호하기 위해 국내성과 안학궁 같은 평지성을 쌓았기 때문에 일반 백성들은 성 밖에서 살았거든.

하지만 평양성은 모란봉 일대에 북성을 쌓아 외부의 침입을 막고, 북성 남쪽 기슭에는 내성을 쌓아 왕궁으로 삼았어. 내성 옆 중성에는 관청과 귀족들의 주거지를 두었고, 마지막 외성은 일반 백성들이 사는 공간으로 만들었어. 특히 외성은 오늘날의 신도시처럼 민가를 바둑판 모양으로 반듯하게 배치하고 운하를 만드는 등 처음부터 철저하게 계획해서 만든 주민 거주 지역이야. 평양성은 산성과 왕궁, 관청, 귀족들과 백성들이 사는 곳이 모두 성 안에 있는 최초의 도성이었지.

오늘날 북한의 수도 역할을 하는 평양성 터에는 당시에 세워진 성문들을 조선 시대에 다시 지은 대동문, 보통문, 칠성문, 현무문 등의 유적이 남아 있단다.

다경문

양각도에서 바라본 오늘날의 평양 시내

키워드 20 | 고구려 고분 벽화

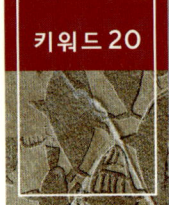

무덤 속에 그린 하늘나라

애들아, 너희들이 어릴 때 썼던 일기장을 한번 펼쳐 보렴. 글로만 쓴 것도 있고 그림일기도 있겠지. 그 둘을 비교하면 큰 차이를 느낄 수 있을 거야. 글로만 쓴 일기에는 당시에 겪은 중요한 일은 적혀 있지만 어떤 옷을 입고 있었는지는 적혀 있지 않을 거야. 하지만 그림일기에는 무슨 색깔의 어떤 옷을 입고 있었는지 생생하게 그려져 있지 않니? 무덤 안에 돌로 방을 만들고 그 벽에 많은 그림을 그려 넣은 고구려 고분 벽화는 바로 그런 그림일기 같은 거란다. 덕분에 오늘날 우리는 고구려 사람들의 생활 모습을 생생하게 그려 볼 수 있단다.

【 생생한 일상생활이 그대로 】

고구려 사람들은 사람이 죽으면 없어지는 것이 아니라 저세상에 가서도 살아 있을 때와 똑같은 삶을 계속 이어 갈 거라고 생각했어. 그래서 죽은 사람들에게도 먹을 것과 살아갈 집이 필요했지. 신분이 높은 귀족에게는 시중들어 줄 하인들도 필요했어. 그래서 무덤 속을 방처럼 꾸미고 온갖 그릇에 먹을 것을 넣어 두었지. 심지어 살아 있는 하인들을 무덤에 같이 묻기까지 했단다. 이것을 '순장'이라고 해.

그런데 사회가 발전하면서 사람을 귀히 여기게 되자 순장 풍습은 점차 사라졌어. 그 대신 주인공이 살아 있을 때 생활하던 모습을 그대로 벽에 그려 넣어 주인공이 평안하게 지낼 수 있도록 했지. 이때가 서기 300년을 넘긴 무렵이었어. 덕분에 오늘날 우리는 그 무렵의 고구려 사람들이 어떻게 살았는지를 알 수 있단다.

무엇보다도 고구려 사람들이 어떻게 생겼는지 궁금하지 않니? 벽화를 보면 지금의 우리 모습과 크게 다르지 않단다. 고구려 여인들은 대개 얼굴이 갸름했어. 옷차림은 귀부인의 경우 통이 넓고 화려한 옷을 입었지만, 시종이나 평민들은 통이 좁고 활동하기에 편한 옷을 주로 입었지. 바지를 입을 때도 종종 있었어.

무용총 벽화의 여자 시종

귀족의 집은 남자 주인이 지내는 사랑채와 안주인이 사는 안채가 구분되어 있었고, 실내에서는 평상이나 의자에 앉아 생활하는 것이 보통이었어. 고구려 사람들이 침대와 의자 생활을 한 것은 한곳에 머물지 않고 계절에 따라 가축 떼를 몰고 이동하던 유목민의 습성이 남아 있었다는 것을 말해 준단다.

무용총 벽화의 귀족 집 손님맞이 주인과 손님이 의자에 앉아 상을 받고 있는 모습으로 보아 고구려 사람들이 입식 생활을 했다는 것을 알 수 있다.

고구려 고분 벽화

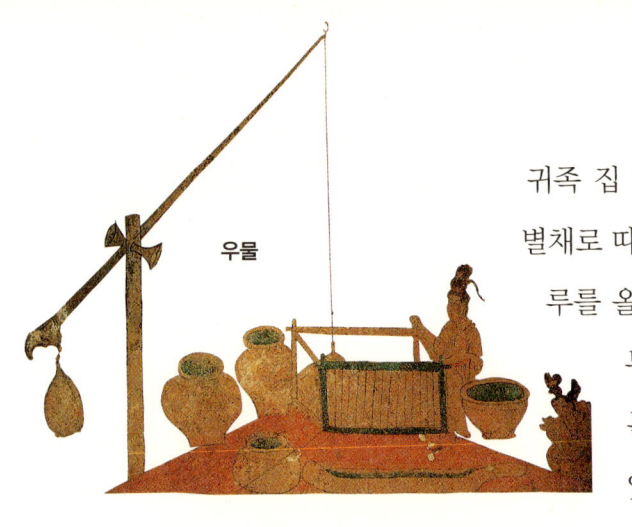
우물

귀족 집 안채 마당에는 우물이 있고, 부엌은 별채로 따로 떨어져 있었지. 부엌 아궁이에 시루를 올려놓고 떡을 찌는 모습도 보인단다. 부엌 옆에는 고기를 말리고 저장해 두는 창고와 곡식을 찧는 방앗간도 딸려 있었어. 이런 시설까지 있는 것을 보면 한 집에서 아주 많은 사람이 함께 살았고 생활도 풍족했다는 사실을 알 수 있지.

고구려 귀족들은 자가용도 있었어. 바로 소가 끄는 수레야. 귀족들은 수레를 넣어 두는 차고와 마구간, 외양간까지 갖추고 있었단다.

귀족들은 또 야유회 때나 특별한 날에 재주꾼들을 불러 놀이판을 벌이곤 했어. 여러 개의 공과 막대기를 번갈아 던져 올렸다가 받는 곡예며 높은 장대 위에 올라가 걷기, 원숭이 부리기 등 오늘날 우리가 보는 서커스단의 묘기 같은 것을 고분 벽화에서 볼 수 있단다.

부엌

고깃간

외양간

귀족 집의 수레 고구려에서는 운송 수단으로 수레가 널리 쓰였는데, 주로 소가 끌었다.

나들이에 나선 귀족 집 식구들 수산리 고분 벽화의 일부. 햇볕을 가리기 위해 일산을 받치고 있는 시종들의 모습을 아주 작게 그려 신분의 차이를 보여 준다.

고구려 사람들의 생활

고구려 사람들의 조상은 말이나 염소를 키우는 유목 민족이었다. 하지만 점차 농사를 짓고 정착 생활을 하면서 여러 가지 생활 도구를 만들어 사용했다.

철제 부뚜막 모형 아궁이와 굴뚝이 ㄴ자로 꺾이는 고구려 특유의 부뚜막이다.

철제 가위 주로 옷감을 자르는 데 쓰였으며, 머리나 수염을 다듬는 데에도 쓰였다.

집 모양 토기 고구려의 집 형태를 짐작해 볼 수 있는 토기이다.

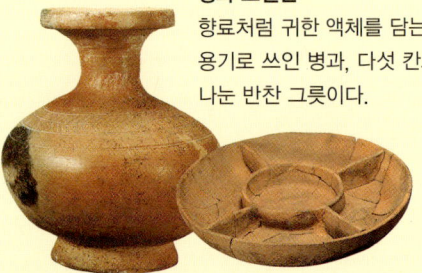
병과 오절판 향료처럼 귀한 액체를 담는 용기로 쓰인 병과, 다섯 칸으로 나눈 반찬 그릇이다.

또아리 병 물이나 술 같은 액체를 담는 용기로 짐작된다.

나팔입 항아리 항아리의 목이 나팔처럼 벌어진 항아리로, 고구려 항아리의 특징이다. 저장용이었던 것으로 보인다.

《 고구려의 부엌 》
아차산 보루 고구려군 막사에서 발견된 온돌방을 바탕으로 복원한 부엌 모습이다. 방과 부엌이 따로 떨어져 있지 않고 방 한쪽에 부엌이 있다.

쪽구들 고구려 시대에는 오늘날처럼 집 전체 바닥에 온돌이 있지 않고 집 안 일부분에 일자, ㄱ자, ㄷ자 모양으로 온돌을 놓았다. 집 전체에 온돌을 놓는 방식은 고려 시대에 확립되었다.

철솥과 시루 철제 솥을 구들에 얹고 물을 부은 다음, 그 위에 시루를 놓고 곡식을 쪄 먹었다.

【고구려에는 고구려의 하늘이 있다】

그런데 4세기 말로 접어들면서 벽화에 주로 그리는 그림의 소재가 바뀌기 시작한단다. 372년에 소수림왕이 불교를 나라의 종교로 삼은 뒤 사람들은 불교를 믿기 시작했어. 사람들은 이제 사람이 죽으면 불교에서 말하는 극락 세계로 가기를 바랐지. 그래서 무덤 벽에 불교와 관련된 그림들을 그리기 시작한 거야. 불상 앞에서 예불을 드리는 모습이라든지 절에서 흔히 볼 수 있는 연꽃무늬를 화려하게 그렸어.

연꽃무늬 무덤 벽이나 천장에 깨달음과 극락 세계를 상징하는 연꽃을 그려 넣어, 무덤 주인이 극락에서 태어나 영원한 삶을 누리라는 뜻을 담았다.

그러다가 광개토 대왕과 장수왕이 고구려를 동아시아의 강대국으로 성장시킨 뒤에는 고분 벽화의 주제가 또 달라진단다. 두 왕은 고구려가 동아시아

예불하는 모습 중국 길림성 집안에 있는 장천 1호 무덤에 그려진 예불도이다. 부처에게 예배 드리는 모습을 그려 넣은 것은 죽은 이가 극락에 가기를 비는 마음에서였을 것이다.

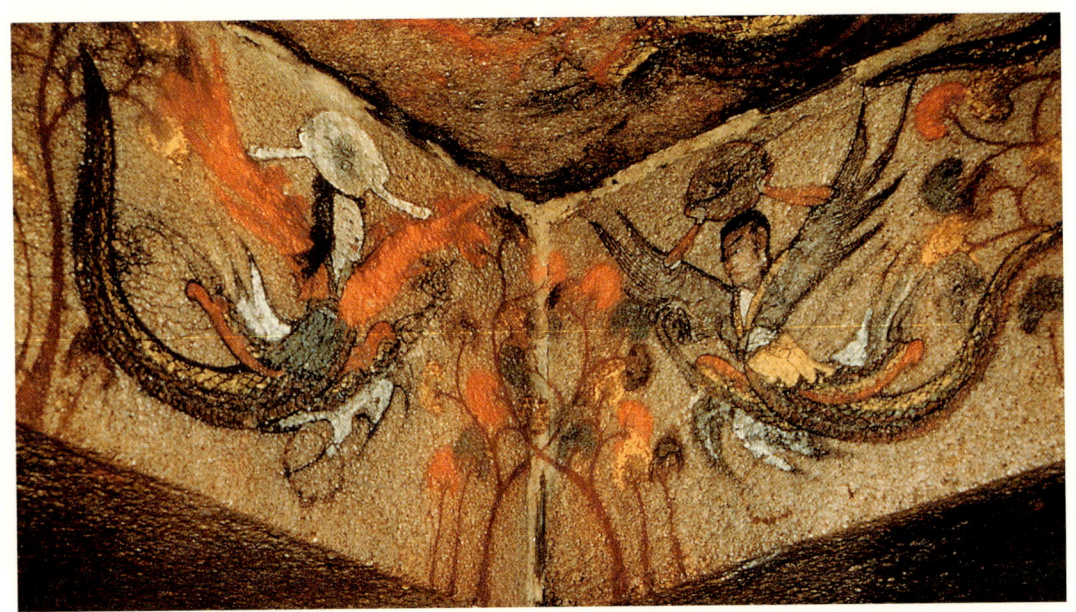

해신과 달신 다섯무덤 4호 무덤 천장에 그려진 벽화. 왼쪽 그림은 머리에 달을 이고 있는 달신이고, 오른쪽 그림은 해를 이고 있는 해신의 모습이다. 고구려 사람들은 불교가 전해진 뒤로 불교를 많이 믿었지만, 해신과 달신, 신선 등을 믿는 전통적인 종교도 중요하게 여겼다.

세계를 호령하는 중심이라고 생각했어. 그래서 고구려 사람들은 다른 나라에서 전해진 종교보다는 고구려만의 종교를 더 중요하게 생각하게 되었지.

고구려 사람들은 예부터 신선 사상과 음양 오행설을 믿어 왔어. 신선 사상은 인간 세상의 모든 일은 신선이 주관하고, 사람이 죽으면 신선 세계로 들어간다는 믿음이야. 음양 사상이란, 세상은 서로 대립하는 양과 음의 조화로 이루어져 있다는 생각이지. 해는 양이고 달은 음이라고 보는 것이 대표적인 예란다. 오행설은 세상 물질의 근원은 물·나무·쇠·불·흙 이렇게 다섯 가지이며, 이것들이 어떻게 짝지어지는가에 따라 세상의 변화가 일어난다는 생각이야.

고구려 사람들은 이러한 사상에 따라 무덤 벽의 동서남북 네 방향에 사신도를 그려 넣었어. '사신(四神)'이란 청룡, 백호, 주작, 현무를 한꺼번에 가리키는 말이야. 사신은 각각 동서남북을 지키는 신령한 짐승으로 여겨져

현무 북쪽을 지키는 수호신으로, 거북과 뱀을 합친 모습을 하고 있다.

청룡 동쪽을 지키는 수호신으로, 몸 빛깔은 푸른색 또는 다섯 가지 색을 띤다.

사람들은 사신을 신으로 숭배하기도 했단다.

고구려 사람들은 또 무덤 벽에 해신과 달신, 그리고 다리가 셋 달린 까마귀도 그렸어. 밤하늘에 빛나는 별자리도 천장에 새겨 넣었지. 이것은 죽은 사람이 신선 세계로 올라가서 살아 있는 후손들을 잘 보살펴 주기를 바라는 마음을 표현한 거야.

이렇게 고구려의 고분 벽화는 당시에 살던 사람들의 일상생활과 종교 의식을 잘 보여 준단다. 나아가 고구려 사람들이 중국의 문화를 받아들이는 데 그치지 않고 자신만의 독특한 문화를 일구어 냈으며, 그것을 자랑스럽게 여기고 자신감에 차 있었다는 사실도 말해 준단다.

백호 서쪽을 지키는 수호신으로, 대개 머리는 호랑이, 몸은 용으로 표현된다.

주작 남쪽을 지키는 수호신으로, 봉황이 날개를 활짝 편 모습이다.

키워드 21 **살수 대첩**

수나라 100만 대군을 물리치다

581년, 중국에 수나라가 세워졌어. 그 무렵 중국은 한나라가 멸망한 뒤 여러 나라가 들어서서 서로 세력을 다투는 혼란스러운 상황이 길게 이어지고 있었는데, 수나라가 그 모든 혼란을 잠재우고 중국을 통일한 거야. 고구려가 동아시아의 강대국으로 자랄 수 있었던 데에는 중국이 여러 나라로 쪼개져 혼란에 빠져 있던 상황이 한몫을 했지.

그런데 이제 중국에 강력한 통일 왕조가 들어서자 고구려는 당장 영향을 받게 되었어. 고구려의 영양왕은 머지않아 수나라와 고구려가 정면으로 충돌할 날이 올 거라고 내다보았어. 과연 영양왕의 예측은 틀리지 않았단다.

【 중국을 통일한 수나라의 등장 】

광개토 대왕과 장수왕이 이루어 놓은 고구려는 동아시아에서 독자적인 세력을 뽐내는 강대국이었어. 두 왕은 주변의 여러 나라를 정복해 고구려를 섬기는 신하 나라로 만들었지. 그 가운데 서쪽 국경선인 요하 일대에서는 말갈과 거란이 고구려를 섬기고 있었어.

그런데 수나라가 강성해지자 고구려와 수나라 사이에 끼어 있던 말갈과 거란이 흔들리기 시작했어. 앞으로는 수나라를 섬겨야 하지 않겠느냐며 불안해했던 거지. 영양왕은 이런 상황을 그냥 내버려 두면 큰일 나겠다 싶었어. 그래서 598년에 말갈군을 이끌고 수나라 땅인 요서(랴오시) 지방을 먼저 공격했어. 공격이 최선의 방어라는 생각에서였지.

공격을 받은 수나라 황제 문제는 그러잖아도 고구려를 언제 칠까 고민하

[중국을 통일한 수나라의 영역도]

던 참이어서 잘됐다고 손뼉을 쳤지. 수 문제는 30만 대군을 이끌고 요하를 건너 고구려의 요동성으로 물밀듯이 쳐들어갔어. 요동성은 고구려 본토로 쳐들어가기 위해 반드시 거쳐야 하는 길목이었지.

하지만 영양왕이 만반의 준비를 하고 요동성 문을 굳게 닫고 버티고 있어서 수나라 군대는 좀처럼 성을 함락시킬 수가 없었어. 그런 데다 여름 장마가 닥치는 바람에 수나라 병사들 사이에 전염병이 돌고, 음식이 상해 식중독으로 쓰러지는 병사들이 줄줄이 이어졌어. 제대로 전투를 해 보기도 전에 패할 판이었지.

그러자 수 문제는 요동성 공격을 포기하고, 군대를 배에 싣고 바닷길로 대동강 하구로 가서 평양성을 곧바로 공격하기로 했어. 그런데 때마침 불어닥친 태풍으로 배가 모두 침몰해 버려서 그 병사들마저 고기밥이 되고 말았단다. 그 뒤로 수나라는 감히 고구려를 넘보지 못했어.

살수 대첩

【 을지문덕 장군의 살수 대첩 】

수 문제의 뒤를 이은 양제는 아버지가 이루지 못한 고구려 정벌을 다시 시도했어. 양제는 612년 110만이 넘는 어마어마한 군대를 일으켜 고구려로 쳐들어왔지. 군대 행렬의 맨 앞에서 뒤까지 거리만 해도 960리나 되었대. 960리면 오늘날 서울에서 부산까지 거리란다. 생각만 해도 어마어마하지?

그런데 수나라군은 고구려의 방어선을 좀처럼 뚫고 나갈 수가 없었어. 영양왕이 이런 사태를 내다보고 미리 준비해 놓았기 때문이야. 요동성 문을 굳게 잠그고 성 밖 들판에 있던 곡식은 일찌감치 성 안으로 옮겨 놓았거든.

수나라군은 4개월 동안이나 요동성을 에워싸고 공격했지만 요동성은 꿈쩍도 하지 않았어. 고구려 군사들과 백성들이 들판의 곡식을 한 톨도 남기지 않고 성 안으로 가져가 성을 지키며 버티는 바람에 수나라군은 더 이상 버틸 수가 없었어. 군량미는 점점 떨어져 가는데 성 밖에는 식량이 없고, 수만 리나 떨어진 중국에서 군량미를 보급 받으려면 시간이 한참 걸리기 때문이었지. 그러자 수 양제는 정예군 30만 명을 추려서 평양성을 향해 곧바로 진격했어.

수나라 군사가 압록강에 이르렀을 때였어. 평양에서는 이 사태에 어떻게 대처할 것인지 회의를 열었지. 그때 을지문덕 장군이 나서서 자기가 직접 적진에 들어가 형편을 살피고 오겠다고 했어.

을지문덕은 적진으로 가서 항복하는 척하며

100만 대군을 이끌고 고구려를 침략한 수 양제
가운데가 수나라 황제 양제이고, 양쪽은 신하들이다.

적군의 상황을 살펴보았어. 과연 수나라 군대는 식량이 부족하고 모두들 지쳐 있었어. 수나라는 을지문덕이 돌아간 뒤에야 비로소 을지문덕이 거짓으로 항복했다는 것을 알았지.

그 뒤 을지문덕은 수나라 군대와 싸우는 척하다가 후퇴하기를 되풀이했어. 수나라군은 을지문덕의 뒤를 쫓다가 그만 고구려 영토로 너무 깊숙이 들어가 버렸어. 그래서 군량미를 나르는 후방 부대와 연락이 끊기고 말았지. 수나라 장군 우중문은 점점 불안해졌어. 이때 을지문덕 장군이 우중문에게 시를 한 편 써서 보냈어.

을지문덕 장군 흉상

> 그대의 기묘한 책략은 하늘의 이치를 다했고,
> 오묘한 계획은 땅의 이치를 다했노라.
> 전쟁에 이겨서 그 공 이미 높으니,
> 만족함을 알고 그만두기를 바라노라.

이 시를 읽은 우중문은 뒤늦게 을지문덕의 작전을 눈치챘어. 고구려가 정말로 싸울 힘이 없어서 후퇴했다면 이렇게 은근히 수나라를 꾸짖는 시를 보낼 리는 없을 테니까. 우중문은 서둘러 군대를 철수하기 시작했어.

을지문덕은 바로 이때를 기다려 왔던 거야. 수나라 군대가 살수(오늘날의 청천강)를 건널 무렵, 몰래 숨어 있던 고구려 병사들이 일제히 공격해 수나라군을 무찔렀지. 이미 지쳐 있던 수나라 병사들은 별다른 저항도 못하고 물귀신이 되고 말았어. 이 싸움을 '살수 대첩'이라고 부른단다.

살수 대첩을 재현한 디오라마

【 고구려에 불리한 정세 】

수나라는 두 번째 공격이 실패하자 이듬해에 세 번째, 그 이듬해에 네 번째로 고구려를 침략해 왔어. 하지만 고구려군의 완강한 저항에 부딪쳐 한 번도 이기지 못했지. 이기기는커녕 계속되는 전쟁에 너무 많은 시간과 힘을 쏟아붓는 바람에 나라의 창고가 바닥나 버렸어. 그러자 전국 곳곳에서 반란이 일어나 수나라는 618년에 멸망하고 말았단다.

　중국을 통일한 수나라 왕조가 겨우 40년도 안 돼 무너진 것은 전적으로 고구려와 벌인 전쟁 때문이었어. 그래서 어떻게 보면 고구려가 수나라를 멸망시켰다고도 볼 수 있지. 그렇지만 고구려도 전쟁을 치르면서 많은 피를

흘렸어. 게다가 수나라에 이어 더욱 강력한 통일 왕조인 당나라가 들어서자 고구려는 또다시 험난한 전쟁에 시달려야 했단다. 예전부터 중국에 강력한 통일 왕조가 들어서면 중국 주변의 나라들은 세력이 꺾일 수밖에 없었어. 일찍이 고조선이 한나라에 멸망한 것도 그런 이치였지.

고구려는 비록 네 차례나 수나라를 물리쳤지만, 더욱 강한 당나라가 등장하면서 동아시아의 정세는 더 이상 고구려가 힘을 떨치지 못하는 방향으로 흐르고 있었어. 고구려 안에서도 연이은 전쟁으로 나라 살림이 어려워지자 나라의 기강이 흐트러지기 시작했지. 고구려에는 이처럼 안팎에서 위기가 몰려오고 있었단다.

살수 대첩 129

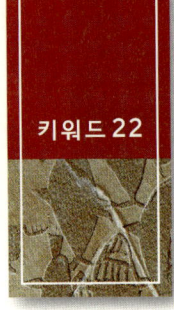

키워드 22 | **연개소문**

고구려 700년 왕국이 무너지다

수나라의 연이은 공격을 물리친 고구려는 한숨 돌릴 새도 없이 수나라보다 더 강력한 당나라와 상대하게 되었어. 이때 전쟁에 능한 연개소문이 등장해 당나라를 막아 보려고 애썼지만, 그의 죽음과 함께 마침내 고구려도 숨을 거두고 말았지. 동아시아를 호령하던 강대국 고구려가 어떻게 무너졌는지 그 과정을 찬찬히 되짚어 보자.

【 권력을 잡은 연개소문 】

수나라에 이어 당나라가 등장하자 고구려 조정은 깊은 시름에 잠겼어. 전쟁에 지친 백성들을 또다시 전쟁으로 내모는 것은 안 될 일이었지. 그래서 영류왕과 많은 대신들은 당나라에 허리를 굽히고 평화롭게 지내야 한다고 생각했단다.

그런데 이런 의견에 반대하는 장군이 있었어. 바로 연개소문이야. 고구려는 동아시아의 강대국이므로 어느 나라에도 허리를 굽힐 수 없다는 게 연개소문의 주장이었지. 그러면서 당나라에 머리를 숙이자고 하는 귀족들을 대고구려의 자존심을 저버린 자들이라고 공격했어. 그러자 귀족들은 연개소문을 미워했어. 더구나 연개소문의 힘이 커지면 자기들의 권력이 위태로워질 거라고 생각했지. 그래서 영류왕을 설득해 연개소문을 없애 버리려고 했단다.

하지만 낌새를 알아챈 연개소문이 642년에 먼저 이들을 공격했어. 귀족들과 영류왕마저 죽이고 영류왕의 어린 조카를 허수아비 왕으로 세우고는

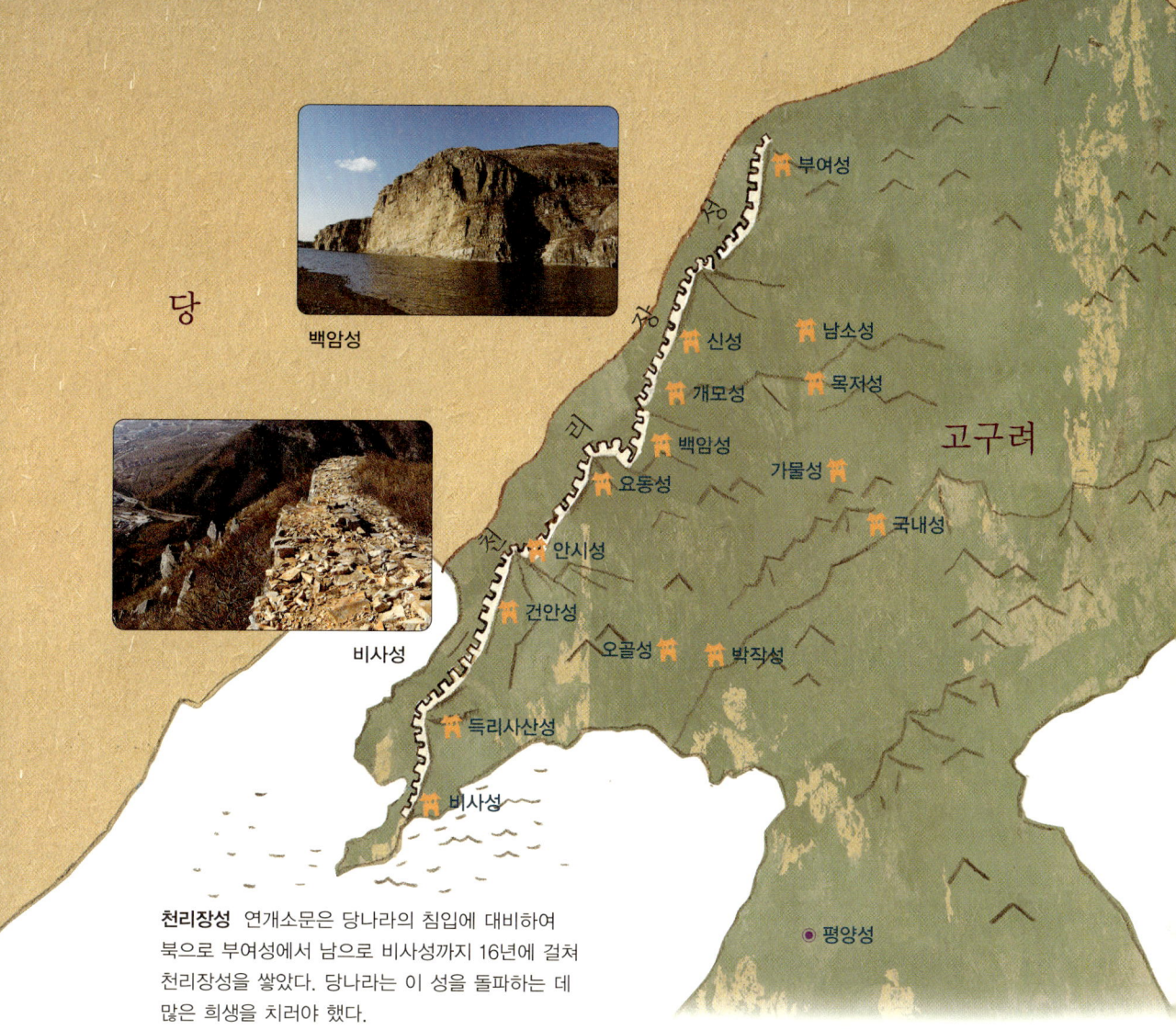

천리장성 연개소문은 당나라의 침입에 대비하여 북으로 부여성에서 남으로 비사성까지 16년에 걸쳐 천리장성을 쌓았다. 당나라는 이 성을 돌파하는 데 많은 희생을 치러야 했다.

권력을 잡았지. 요즘 말로 하면 쿠데타를 일으킨 거야. 권력을 잡은 연개소문은 부여성에서 요동 지방에 걸쳐 천리장성을 쌓아 당나라의 침입에 대비했어.

한편 당시 남쪽에 있던 신라는 백제의 공격을 받아 나라가 크게 위태로운 지경에 이르렀어. 사정이 급해진 신라의 김춘추는 연개소문을 찾아왔지. 김춘추는 백제가 신라를 공격하지 못하도록 고구려에 힘을 빌려 달라고 부탁했어. 그러나 연개소문은 이를 거절했어.

신라는 일찍이 진흥왕 시대에 고구려를 공격해 한강 유역의 땅을 빼앗아 갔어. 이후 고구려와 신라는 서로 원수 사이가 되었지. 그래서 연개소문은 신라에서 먼저 옛날 진흥왕이 빼앗아 간 한강 유역의 땅을 내놓지 않으면 도와줄 수 없다고 김춘추를 꾸짖었던 거야. 그러고는 김춘추를 옥에 가두어 버렸지. 나중에 풀어 주기는 했지만, 연개소문은 여전히 나라를 지키는 힘은 외교적인 교섭보다는 강한 무력에 있다는 생각을 버리지 않았지.

【평양성 함락】

한편 당나라의 태종은 연개소문이 천리장성을 쌓고 강하게 나오자, 644년 11월 고구려 정벌에 나섰어. 당나라군은 645년 4월부터 개모성, 비사성, 요동성, 백암성을 차례로 무너뜨리고, 6월에는 마침내 안시성으로 들이닥쳤어. 안시성은 고구려 땅으로 들어가려면 반드시 거쳐야 할 요충지였지.

이때 안시성은 양만춘이라는 뛰어난 성주가 백성들을 이끌고 굳게 지키고 있었어. 연개소문은 당나라 군대에 포위된 안시성을 구하려고 15만 병력을 출동시켰지만 그만 당나라군에게 저지당하고 말았지. 완전히 고립당한 양만춘은 병사와 주민들을 하나로 뭉쳐 완강하게 버텼어.

그러자 당나라군은 안시성 바깥에 커다란 흙 언덕을 쌓기 시작했어. 성벽보다 높이 쌓아 성 안을 공격하려는 것이었지. 하지만 언덕을 다 쌓고 공격을

안시성 전투 기록화

개시하려던 찰나, 고구려군이 일시에 몰려나오는 동시에 언덕은 무너져 내렸어. 고구려 병사와 주민들이 밤에 몰래 나와 언덕을 허물어 놓았던 거야. 갑작스럽게 공격을 받은 당 태종은 급히 후퇴했지만 고구려군의 공격으로 많은 병사를 잃고 말았어.

이렇게 되자 연개소문은 더욱 자신감이 생겼어. 나라 곳곳에 성을 굳게 쌓고 군대를 잘 훈련시켜 당나라의 공격을 번번이 막아 냈지. 이때 당나라 사람들이 연개소문을 얼마나 두려워했는지는 오늘날까지 이어져 오는 중국의 전통극인 경극에서 연개소문이 무시무시한 장군으로 등장하는 것만 봐도 잘 알 수 있단다.

이런 상황에서 고구려에 외면당했던 신라의 김춘추가 648년 당나라를 찾아갔어. 김춘추는 당 태종에게 둘이 힘을 합쳐 백제와 고구려를 정복하자고 했어. 그리고 만약 그 계획이 성공하면 대동강 북쪽 고구려 땅은 당나라가, 그 남쪽 백제 땅은 신라가 차지한다는 조건을 내세웠지. 고구려 정벌에 실패한 뒤 고심하고 있던 당 태종은 김춘추의 제의를 받아들였어. 그리하여 신라와 당나라가 손을 잡은 나·당 동맹이 이루어졌단다.

중국 경극에 등장하는 연개소문 등에 다섯 자루의 칼을 차고 있는 연개소문의 모습으로, 〈독목관〉이라는 경극에서 날아다니는 칼을 사용하는 장수로 그려진다.

연개소문 133

마침내 660년, 당나라 장수 소정방이 이끄는 군대가 바다를 통해 백제의 서쪽에서 공격을 하고, 신라의 김유신 장군이 이끄는 신라 군대가 동쪽에서 쳐들어가는 양면 작전을 펴기 시작했어. 그러자 백제는 오래 버티지 못하고 멸망하고 말았지.

 백제가 멸망하자 당나라와 신라는 고구려를 각각 북쪽과 남쪽에서 공격했어. 바로 이때 고구려의 연개소문이 갑자기 세상을 떠났어. 전쟁을 지휘하던 강력한 지도자가 사라지자 고구려는 혼란에 빠져 버렸지. 더구나 연개소문의 후계 자리를 놓고 연개소문의 아들 사이에 내분이 일어나 상황은 더욱 나빠졌어.

 그러자 일찍이 당나라와 화목하게 지내자고 주장하던 귀족들이 다시 목소리를 내기 시작했어. 지도자를 잃은 데다 정책마저 갈팡질팡하니 고구려는 더 이상 버틸 힘을 잃게 되었지. 결국 668년, 고구려는 평양성으로 쳐들어온 나·당 연합군에게 항복하고 말았어. 이렇게 해서 700년을 이어 온 고구려 왕국은 역사의 무대에서 사라졌단다.

연개소문 유적비 연개소문은 강화도에서 태어나 어린 시절 강화에 있는 고려산에서 무술을 연마했다고 전해진다. 비석은 1993년에 연개소문을 기리기 위해 강화 부근리에 세운 것이다.

【 만약 이랬다면······ 】

연개소문은 고구려를 외적에게서 지키는 데 큰 공을 세운 훌륭한 인물이야. 그러나 연개소문은 고구려의 옛 영광만 생각하고 주변 정세는 잘 살피지 않았어. 그래서 신라의 김춘추가 도움을 요청했을 때 한마디로 거절해 버린 거야. 만약 그때 연개소문이 신라와 힘을 모았더라면 이후 역사는 어떻게 되었을까? 아마도 고구려가 살아남아 삼국을 통일했을지도 모를 일이지.

그렇지만 이미 지난 일을 그런 식으로 가정해 보는 것은 부질없는 일이야. 그래서 "역사에 가정이란 없다."고 한단다.

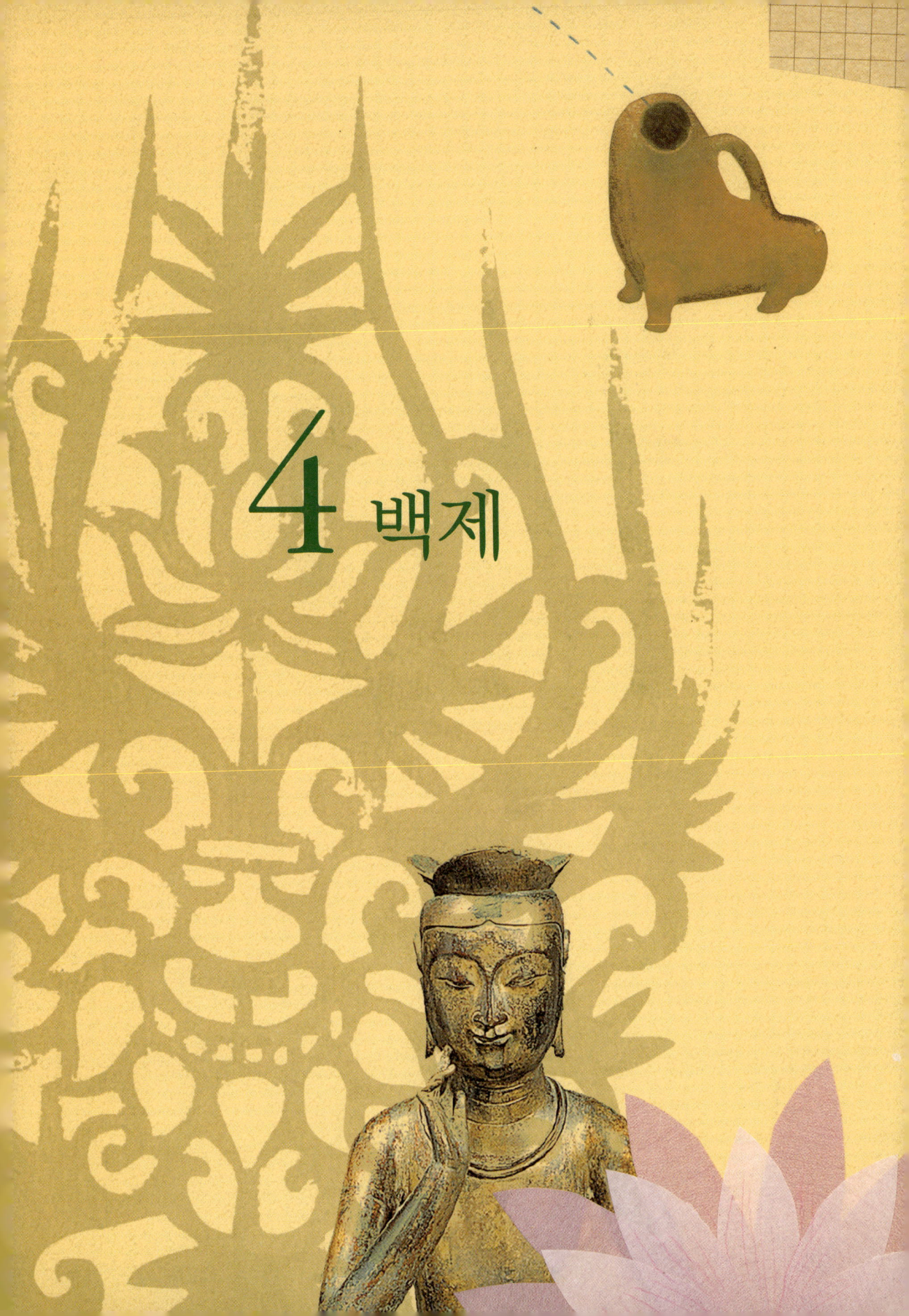

4 백제

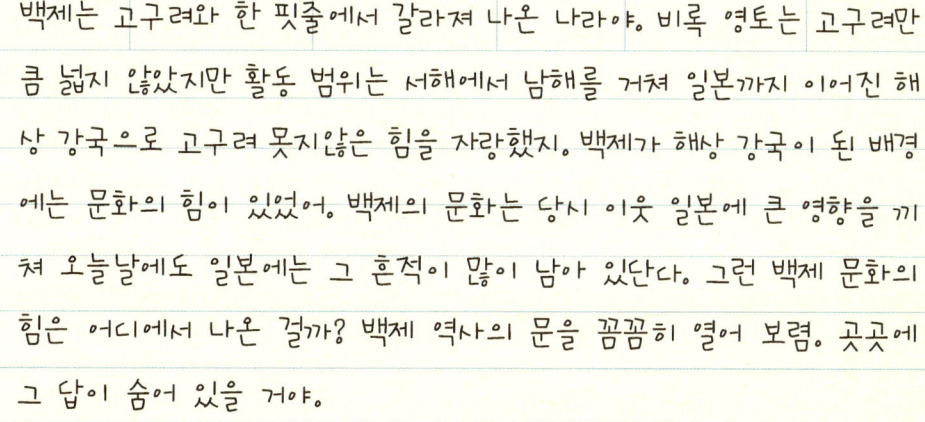

백제는 고구려와 한 핏줄에서 갈라져 나온 나라야. 비록 영토는 고구려만큼 넓지 않았지만 활동 범위는 서해에서 남해를 거쳐 일본까지 이어진 해상 강국으로 고구려 못지않은 힘을 자랑했지. 백제가 해상 강국이 된 배경에는 문화의 힘이 있었어. 백제의 문화는 당시 이웃 일본에 큰 영향을 끼쳐 오늘날에도 일본에는 그 흔적이 많이 남아 있단다. 그런 백제 문화의 힘은 어디에서 나온 걸까? 백제 역사의 문을 꼼꼼히 열어 보렴. 곳곳에 그 답이 숨어 있을 거야.

키워드 23 　온조와 비류

온조, 백제를 세우다

기원전 18년, 한반도의 허리춤에 해당하는 한강 유역에서 백제라는 나라가 탄생했어. 백제를 세운 시조는 온조였지. 온조에게는 비류라는 형이 있었어. 그런데 비류와 온조 형제에 관해 전해지는 이야기는 고구려와 관계가 깊단다. 비류와 온조가 고구려의 시조 주몽의 아들이라는 거야. 그렇다면 고구려와 백제는 한 뿌리에서 나온 나라인 셈이지.

【백제의 건국 신화】

부여를 떠나 졸본에서 고구려를 세운 주몽은 그곳 부족장의 딸 소서노와 혼인해서 두 아들을 얻었어. 맏이가 비류이고 둘째가 온조였지. 그런데 주몽은 부여에 있을 때 이미 혼인하여 아들 유리를 낳았어. 세월이 흘러 유리가 아버지를 찾아 고구려로 오자, 주몽은 유리를 태자로 삼았지.

비류와 온조는 유리가 자기들을 해칠 것이라고 생각해 멀리 남쪽으로 떠나기로 했어. 자기들을 따르는 무리를 이끌고 산 넘고 물 건너 남으로 남으로 내려오다가 북한산에 이르렀지. 그곳에서 한강을 내려다보니, 동쪽은 산으로 막혀 있고 남쪽에는 기름진 들판이 펼쳐져 있었어. 또 서쪽은 바다와 통하고 있었지.

그래서 온조는 한강 남쪽의 기름진 들판에 하남 위례성이라는 도읍을 세웠어. 하지만 비류는 온조와 생각이 달라 서쪽 바닷가로 가서 따로 도읍을 세웠지. 온조가 하남 위례성에 세운 나라 이름은 처음에는 '십제'였는데, 날이 갈수록 번창해 나중에 '백제'라고 바꾸었어. 하지만 비류가 세운 도읍 미추홀(지금의 인천)은 땅에 소금기가 많아 농사짓기가 어려워서 크게 성장하지 못했어. 그리하여 비류가 죽은 뒤 미추홀 백성들은 온조에게 합쳐졌고, 이후 백제는 더욱 크게 발전하기 시작했단다.

고대 국가의 건국 신화는 건국 시조를 높이 떠받들기 위해 실제 사실보다 부풀려서 신성하게 꾸미는 일이 많다고 했지? 백제도 마찬가지야. 신화에 따르면 비류와 온조는 고구려 시조 주몽의 아들이지만, 실제로 그런지는 확실하게 알 수 없단다. 다만 비류와 온조가 고구려 출신이라는 것만은 확실해.

부여 출신인 주몽이 고구려를 세웠고, 고구려 출신인 비류와 온조가 백제를 세웠다면, 결국 부여·고구려·백제는 뿌리가 같은 나라들인 셈이지. 이것은 온조를 비롯한 백제 왕실의 성씨가 부여씨였다는 사실을 봐도 알 수 있어.

고구려(위)와 백제(아래)의 무덤 서울 송파구 석촌동에 있는 백제의 초기 무덤과 중국 집안에 있는 고구려 무덤은 무덤 양식이 비슷한 돌무지무덤이다. 이로 미루어 볼 때 백제는 고구려 사람들이 옮겨 와 세운 나라라는 것을 알 수 있다.

【전라도 지역을 차지한 백제】

그런데 나라를 세운 직후부터 백제 앞에는 많은 어려움이 기다리고 있었어. 북으로는 한나라가 고조선을 멸망시키고 세운 한사군 가운데 가장 큰 낙랑군이 버티고 있었고, 동쪽 산 너머에서는 말갈족이 쉬지 않고 쳐들어와 백성들을 괴롭혔지. 또 남으로는 전부터 마한이 자리 잡고 있었는데, 마한은 이제 막 세워진 백제를 얕잡아보고 자기들 앞에 허리를 굽히라고 윽박질렀어. 이처럼 백제는 사방이 적으로 둘러싸여 있었단다.

온조왕은 강한 나라인 마한에는 일단 머리를 조아렸어. 하지만 말갈족과는 맞서 싸워 함부로 덤비지 못하게 버릇을 고쳐 놓았지. 그러자 말갈족은 점점 제풀에 지쳐 물러가기 시작했어. 자신감을 얻은 백제는 이제 마한을 넘보기 시작했단다.

백제의 8대 고이왕이 나라를 다스리던 250년 무렵, 때마침 마한이 자기들 안에서 다툼을 벌여 나라가 약해졌어. 고이왕은 이 틈을 타 마한 연맹에

숭렬전 백제의 시조 온조를 모신 사당이다. 경기도 광주시 남한산성에 있다.

속한 나라 가운데 가장 큰 목지국을 점령했어. 이때부터 판세는 백제 쪽으로 기울었지. 백제는 마한을 남쪽으로 계속 밀어내며 땅을 차지해 나갔어.

【 고대 국가로 성장하다 】

백제는 한강 유역에 도읍을 정하고 일어선 나라이지만, 성장하면서 영토를 남쪽으로 넓혀 나갔어. 그래서 금강과 영산강을 차례로 차지하여 오늘날의 전라남·북도에 해당하는 지역까지 영토를 넓혔단다. 이때 백제의 동쪽 경계선은 소백산맥이었어. 그 너머에서는 신라와 가야가 성장하고 있었지.

고이왕은 이렇게 커진 나라의 힘을 바탕으로 그동안 눈치를 봐야 했던 지방 부족들을 누르고 왕의 권한을 크게 높였어. 율령을 만들어 법에 따라 나라를 다스리는 틀을 갖추었지. 또 왕 아래에 16등급의 벼슬자리를 만들고 그 자리에 각 부족의 지도자들을 앉혀 확실하게 왕의 신하로 만들었어. 벼슬자리의 등급에 따라 옷 색깔을 다르게 하는 제도도 만들었지. 국왕의 힘이 그만큼 강해진 거야. 이렇게 해서 백제는 점차 고대 국가로 성장해 갔단다.

은으로 만든 관 꾸미개 백제의 16등급 벼슬 가운데 6품인 나솔 이상만 착용할 수 있었다.

온조와 비류 141

키워드 24 　하남 위례성

백제의 도읍 하남 위례성은 어디일까

온조왕이 세운 백제의 도읍은 하남 위례성이야. 그런데 고구려의 도읍 국내성이 오늘날 중국의 길림성 집안이고, 신라의 도읍 금성이 오늘날의 경상북도 경주인 것은 확실한데, 하남 위례성만은 오늘날의 어디인지 오랫동안 확실히 밝혀지지 않았어. 그러나 지금은 서울 송파구에 있는 풍납토성과 몽촌토성이 바로 하남 위례성인 것으로 밝혀지고 있단다.

【 백제의 첫 도읍 하남 위례성 】

온조왕은 하남 위례성에 도읍을 세웠어. 그런데 우리 역사를 연구하는 학자들은 고구려나 신라의 도읍과는 달리 백제의 도읍인 하남 위례성이 어디에 있었는지 잘 알 수 없었어. '하남'이라는 이름이 '강의 남쪽'이라는 뜻이니까 한강 남쪽 어딘가에 있을 것으로 생각했지. 하지만 그것만으로는 하남 위례성의 위치를 찾기가 너무 막연했어.

　삼국 시대의 역사를 담은 『삼국사기』에 하남 위례성의 위치를 설명해 놓은 기록이 있어. 이 기록에 따르면 하남 위례성은 북쪽으로 한강이 띠처럼 둘러 있고, 동쪽으로는 높은 산이 솟아 있으며, 남쪽으로는 땅이 기름진 벌판이 펼쳐져 있고, 서쪽으로 나가면 큰 바다가 있었대. 북쪽과 동쪽으로는 강과 산이 외적의 침입을 막아 주고, 남쪽으로는 농사짓기에 알맞은 땅이 넓게 펼쳐져 있고, 서쪽으로는 다른 나라와 교역할 수 있는 바닷길이 열려 있어 도읍지로 알맞았던 거지.

　학자들은 『삼국사기』에 적힌 내용에 따라 지금의 한강 남쪽에서 이러한

하남 위례성의 위치 하남 위례성은 오늘날의 풍납토성과 몽촌토성으로 밝혀지고 있다. 당시 백제의 도읍은 오늘날의 서울 잠실에서 경기도 하남시에 이르는 지역이었다.

조건을 갖춘 곳을 찾아보았어. 그랬더니 몽촌토성과 풍납토성이라는 곳이 그런 조건과 딱 맞아떨어지는 거야. 두 성의 북쪽으로는 미사리를 지나온 한강이 굽이쳐 잠실로 흘러가고, 동쪽으로는 남한산과 검단산이 높이 솟아 있지. 또 남쪽으로는 지금은 아파트가 빽빽이 들어차 있지만 겨우 몇십 년 전까지만 해도 잠실에서 말죽거리까지 넓은 평야였어.

【 몽촌토성과 풍납토성 】

하지만 몽촌토성과 풍납토성이 하남 위례성이라는 구체적인 증거는 아직 없었지. 그래서 두 토성을 발굴해 보기로 했어. 그런데 여기에는 많은 어려움이 있었단다. 두 곳에는 이미 오래전부터 사람들이 집을 짓고 살고 있어서 함부로 발굴할 수가 없었거든.

먼저 발굴한 것은 몽촌토성이야. 몽촌토성이 먼저 선택된 것은 1988년에 서울에서 올림픽을 열게 되면서 몽촌토성 일대에 경기를 벌일 체육 시설을 짓고 이곳을 올림픽 공원으로 만들었기 때문이야. 아파트나 건물이 없는 공원이라 발굴하기가 쉬웠던 거지.

과연 몽촌토성에서는 토기를 비롯한 여러 가지 유물이 나왔어. 특히 기와와 벼루가 많이 나왔는데, 이는 몽촌토성이 나랏일을 보는 관청이 있던 자리라는 생각을 품게 했지. 또 그 무렵 중국에서 만들어진 도자기와 벼루도 나왔어. 중국에서 이런 물건을 보낼 곳이라면 나라의 도읍임에 틀림없다는 추측이 나왔지. 그러다가 1997년에 몽촌토성보다 좀 더 북쪽에 있는 풍납토성이 본격적으로 발굴되면서 이런 생각은 바뀌었단다.

《몽촌토성》

몽촌토성 전경

쇠뿔 모양 손잡이 잔

원통 모양 그릇받침
제사용으로 추정되며, 중앙의 지배층과 관련된 유적에서만 발견된다.

수막새 기와

세발 토기
백제에서만 발견되는 제사용 그릇이다.

《풍납토성》

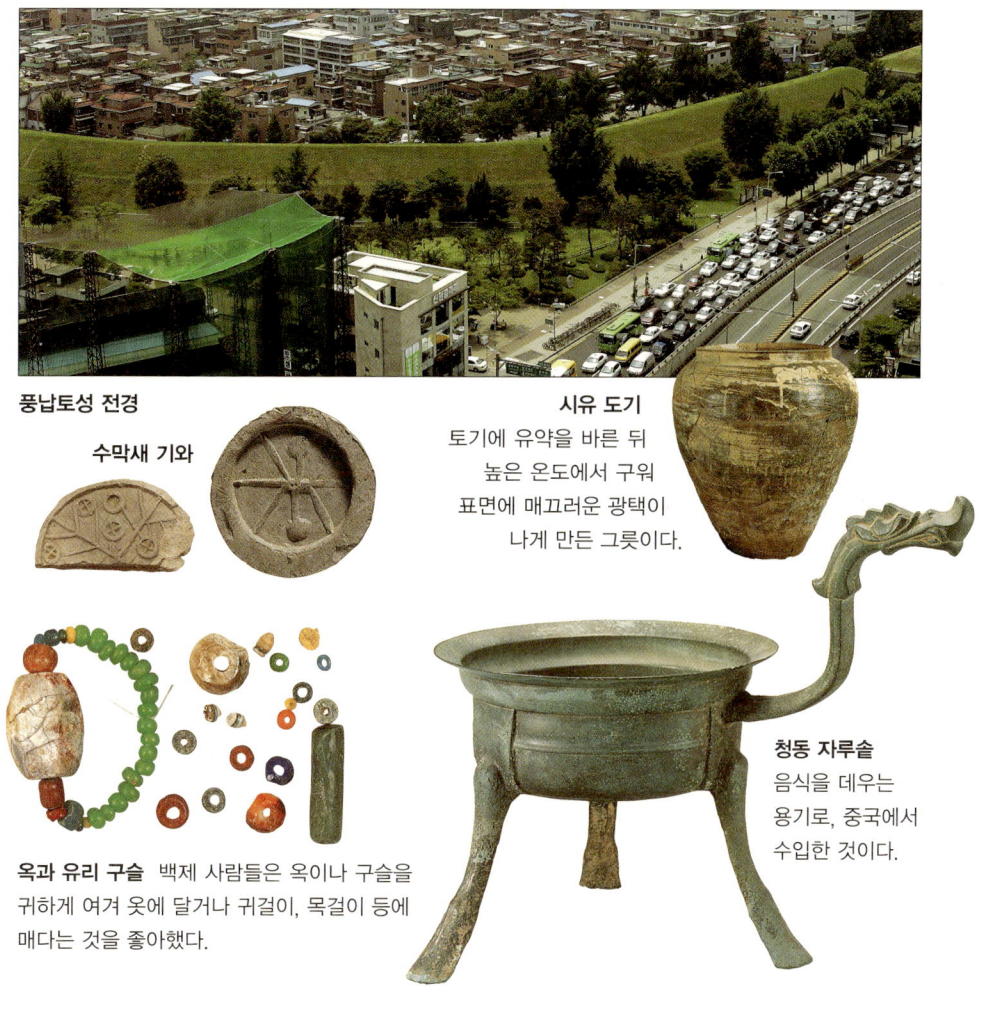

풍납토성 전경

수막새 기와

시유 도기 토기에 유약을 바른 뒤 높은 온도에서 구워 표면에 매끄러운 광택이 나게 만든 그릇이다.

청동 자루솥 음식을 데우는 용기로, 중국에서 수입한 것이다.

옥과 유리 구슬 백제 사람들은 옥이나 구슬을 귀하게 여겨 옷에 달거나 귀걸이, 목걸이 등에 매다는 것을 좋아했다.

    풍납토성이 세상에 처음 알려진 것은 1925년이었어. 그때 서울에 큰비가 내려 홍수가 났는데, 불어난 강물이 풍납동 일대의 강변을 휩쓸고 지나간 뒤 뜻하지 않게 금귀걸이며 금동 허리띠, 옥과 유리구슬 등 귀중한 유물들이 여기저기에서 드러난 거야. 그래서 비로소 이곳에 고대의 성이 있었다는 사실이 밝혀졌지. 그러나 그 뒤 사람들이 이곳에 모여들어 집을 짓고 살면서부터 성터는 건물에 묻혀 사라져 갔단다.

하남 위례성

그러던 중 1997년에 새 아파트를 지으려고 낡은 건물들을 허물다가 땅속에 묻혀 있는 엄청난 유물들을 발견했어. 여기에서는 몽촌토성보다 훨씬 많은 기와와 벽돌이 나왔어. 토기도 많이 나왔는데, 쓰임새가 일상생활용이라기보다는 제사용인 것으로 보였어. 또 오수전이라는 중국 화폐도 나왔지.

육각형 집터 풍납토성에서 발견된 집터로, 면적은 50제곱미터 정도이다. 출입 시설이 있고, 그 맞은편에 부뚜막이 설치된 흔적이 보인다.

《백제의 집과 생활》

출입 시설
육각형 집 출입구에 작은 공간을 덧붙여 여유 공간을 두었다.

풍납토성이 예사롭지 않은 유적이라는 것을 알게 된 학자들은 이번엔 성벽을 조사해 보았어. 언뜻 보기에는 강변에 쌓은 둑 같았지만, 조사 결과 치밀한 설계도를 토대로 높이가 10미터나 넘는 성벽을 공사했다는 것이 밝혀졌지.

이제 학자들은 풍납토성이 곧 하남 위례성일 것이라는 확신을 갖게 되었어. 그런데 마침 역사 기록에 하남 위례성이 북성과 남성으로 이루어졌다고 되어 있으니, 바로 북성인 풍납토성과 남성인 몽촌토성에 딱 들어맞는 기록이지. 그래서 풍납토성과 몽촌토성이 하남 위례성이고, 그중 규모가 더 큰 풍납토성에 왕궁이 있었을 거라고 생각하고 있단다.

풍납토성과 몽촌토성이 백제의 첫 도읍이라는 것은 주변의 다른 유적을 보아도 알 수 있어. 남쪽으로 방이동, 석촌동, 가락동에 왕족이나 귀족의 것으로 보이는 거대한 무덤이 있거든. 고구려의 국내성이나 신라의 경주도 왕성 부근에 왕족의 무덤을 만들었으니 비슷한 경우라고 할 수 있지. 또 이웃한 하남시에는 춘궁동이라는 마을이 있고, 거기에는 오래된 성터들도 있어. '춘궁'은 '봄 궁궐'이라는 뜻이니까 이곳도 하남 위례성과 뭔가 관련이 있을 것으로 추측한단다.

백제는 이렇게 오늘날의 서울 잠실에서 미사리에 걸친 한강 유역의 평야에 도읍을 정하고 크게 번성했어.

부뚜막
출입구 맞은편에 사다리꼴로 설치한 것이 백제 부뚜막의 특징이다.

키워드 25 **근초고왕**

백제, 강대국 대열에 오르다

백제 역사상 가장 넓은 영토를 개척한 왕은 근초고왕이란다. 근초고왕은 체격이 크고 용모가 기이하며 포부가 원대한 왕이었다고 해. 371년에는 고구려를 공격해 고국원왕을 전사시킬 정도로 백제를 삼국 가운데 가장 강력한 나라로 성장시켰어. 백제의 전성기를 이룬 거야. 그런데 한때 마한에 머리를 조아린 작은 나라였던 백제가 어떻게 강대국으로 발전할 수 있었을까?

【 땅을 넓혀라 】

무엇보다도 백제의 자연 환경이 백제가 발전하는 데 가장 큰 밑거름이 되었단다. 백제가 자리 잡은 한강 유역은 넓고 기름진 평야가 많아 농사짓기에 알맞았어. 그래서 일찍부터 농업이 발달했지.

게다가 충주·제천·보은·옥천 등 충청북도 지역에서는 무기와 농기구를 만드는 데 필요한 철광석이 많이 났어. 쇠로 만든 농기구로 농사를 지으니까 많은 수확을 거둘 수 있었고, 쇠로 무기를 만들어 군대도 기를 수 있었지.

또 백제는 서해를 끼고 있어서 중국을 비롯한 다른 나라들과 교류하기에도 좋았단다. 이러한 자연 환경은 백제가 해상 왕국으로 성장하는 데에도 큰 디딤돌이 되었지.

백제는 농업과 경제 발전을 바탕으로 마한의 목지국을 점령하고 세력을 뻗어 나가 3세기 후반 고이왕 무렵에는 남쪽의 금강과 영산강까지 영토를 넓혔어. 그러다가 근초고왕 무렵에 최고 전성기를 맞았지.

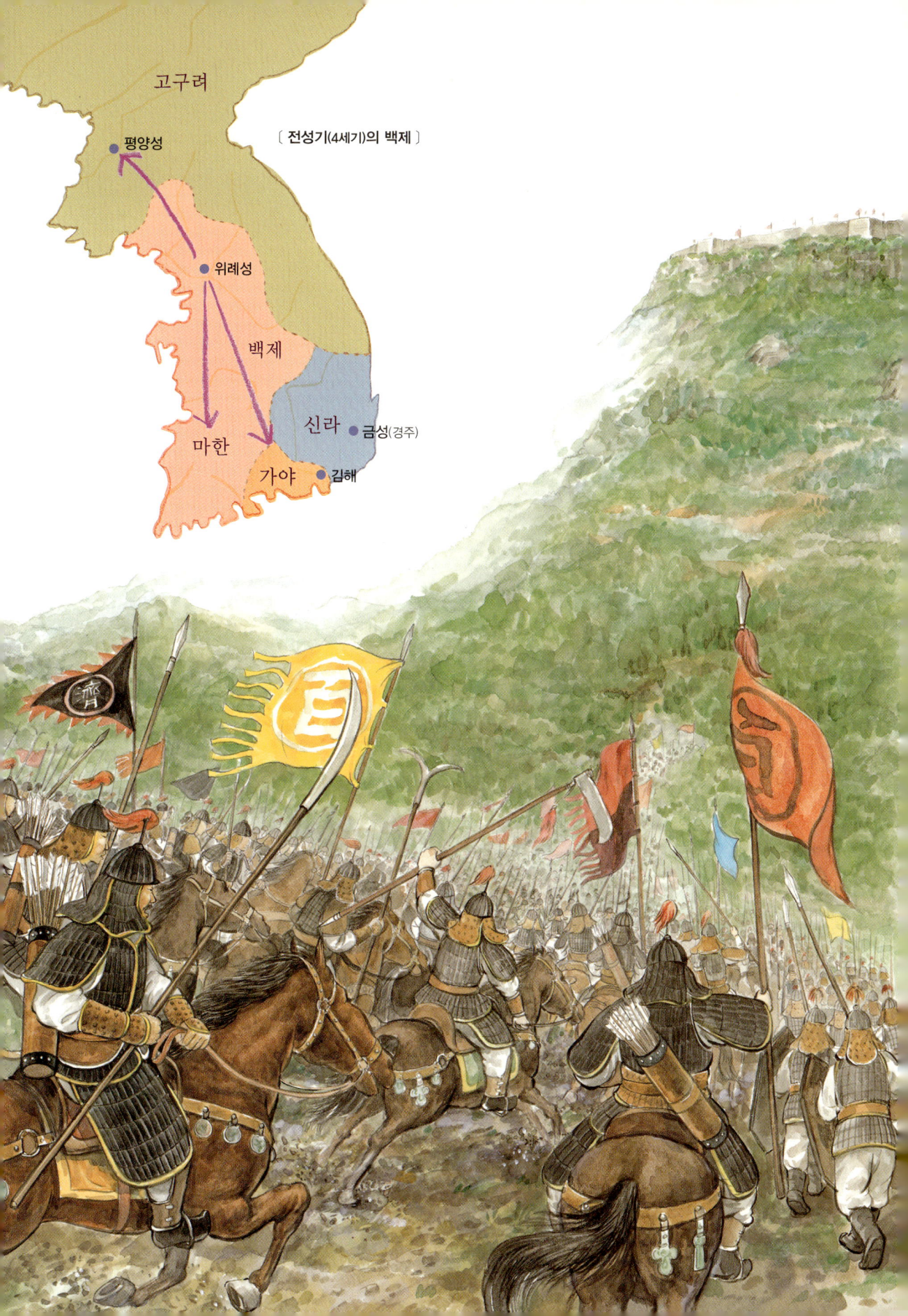

[전성기(4세기)의 백제]

346년 왕위에 오른 근초고왕은 고이왕이 영토를 넓히고 튼튼한 고대 국가로 성장시킨 것을 발판으로 이제는 백제가 더욱 밖으로 뻗어 나가야 할 때라고 판단했어. 더구나 30여 년 전인 313년에 고구려가 낙랑군을 멸망시킨 큰 사건도 근초고왕의 생각에 영향을 끼쳤어. 낙랑군은 중국의 한나라가 고조선을 멸망시키고 그 자리에 세운 한사군 가운데 가장 강했어. 백제는 낙랑군을 통해 중국의 발달한 문물을 받아들이기도 했지. 그런 낙랑군이 사라지자 근초고왕은 고구려가 점령한 낙랑 땅을 차지해 백제를 강대국으로 성장시켜야 한다고 생각했어.

이를 위해서 근초고왕은 먼저 남쪽 땅부터 차지하여 나라의 기반을 다지기로 했어. 그래서 남쪽에 있는 마한을 공격해 땅을 넓혀 갔지. 369년 무렵에는 남해안까지 나아가 마한 땅을 모두 차지했단다. 거기에 그치지 않고 동쪽으로 진출해 소백산맥 너머 가야의 몇몇 작은 나라들까지 정복하고 돌아왔어.

나라의 남쪽 땅을 평정한 근초고왕은 비로소 다음 목표인 북쪽의 옛 낙랑군 땅으로 향했어. 그곳은 이미 고구려가 차지하고 있기 때문에 고구려와의 전쟁을 피할 수 없었지. 백제군은 한강과 임진강을 건너 오늘날의 황해도 지방으로 진격해 들어가 많은 성을 함락시키고 고구려군 500여 명을 포로로 잡았어.

371년, 근초고왕은 드디어 직접 군대를 이끌고 평양성으로 쳐들어갔어. 그 무렵 고구려 또한 영토를 넓히느라 여념이 없었지. 그런데 백제가 쳐들어오자 고구려의 고국원왕은 직접 군대를 이끌고 나가 맞서기로 했어. 평양성 남쪽 부근에서 충돌한 두 나라 군대는 한 치도 양보하지 않고 치열한 싸움을 벌였지. 그러던 중 고국원왕이 그만 백제군의 화살에 맞아 쓰러지고 말았어. 왕이 죽자 사기가 떨어진 고구려군은 후퇴하느라 바빴지.

이제 백제는 남해안에서 황해도에 이르는 한반도의 서부를 차지한 강대국이 되었어.

【 외교 관계를 넓혀라 】

영토를 넓히는 데 성공한 근초고왕은 이에 그치지 않고 더욱 세력을 넓혀 가기로 했어. 바다 건너 나라들과 외교 관계를 맺어 국제 무대의 주인공이 되려고 한 거야.

먼저 눈을 돌린 곳은 중국이었어. 그때 중국에서는 한나라가 멸망한 뒤 북방에서 내려온 여러 유목 민족이 저마다 나라를 세우고 서로 경쟁하고 있었어. '다섯 오랑캐가 세운 열세 나라와 한족이 세운 세 나라가 서로 다투던 시대'라고 해서 이 시기를 '5호 16국 시대'라고 한단다. 그 가운데 가장 힘이 센 나라는 동진이었어.

근초고왕은 동진에 사신을 보내 외교 관계를 맺고 동진의 문물을 받아들였어. 이 무렵에는 고구려가 먼저 동진과 외교 관계를 맺고 교류해 오고 있었는데, 백제도 그 대열에 함께함으로써 고구려와 대등해진 셈이 되었지.

중국 동진과의 교류
중국 동진에서 만든 양 모양 청자(왼쪽), 닭 머리 모양 주전자(가운데), 청자 항아리(오른쪽)이다. 백제가 중국 남조의 강대국인 동진과 주로 교류했음을 알려 준다.

근초고왕의 다음 외교 상대는 왜였어. 섬나라인 왜는 동진에서 앞선 문물을 받아들이는 것이 아주 중요했지만, 육지로는 고구려에 막혀 오갈 수가 없었어. 따라서 바닷길로 교류해야 했는데, 그러려면 백제의 영해를 지나야만 했지.

근초고왕은 왜에 바닷길을 열어 주는 것은 물론 왜에 직접 문물을 전해 주기까지 했어. 왜는 그런 백제가 몹시도 고마웠지. 이렇게 해서 백제는 왜에 강한 영향력을 미칠 수 있게 되었어.

백제는 동진에서 왜에 이르는 기나긴 교역로의 한가운데를 차지한 강대국으로 성장하는 것이 목표였어. 이런 목표 아래 근초고왕은 백제의 박사 왕인과 아직기를 직접 왜에 보냈지. 왕인과 아직기는 한자로 쓰여진 유교 경전을 가져가서 일본 사람들에게 한자와 학문을 가르쳤어.

근초고왕은 또 칠지도라는 신성한 칼을 왜왕에게 선물하기도 했어. 칠지도는 실제로 쓰는 칼이 아니라 외적을 물리치는 영험한 힘이 깃든 신성한 칼인데, 왕이 신하에게 내려주는 것이었어. 근초고왕은 왜왕을 자신이 아끼는 신하로 여겼던 것이지. 지금도 일본 사람들은 이 칠지도를 국보로 삼아 소중하게 간직하고 있단다.

칠지도 백제의 근초고왕이 일본 왕에게 선물로 보낸 칼이다. 칼날 양쪽에 가지가 3개씩 엇갈려 뻗어 나온 모습이다. 칼에는 "이 칼은 많은 적병을 물리칠 수 있는 것이므로 제후국의 왕들에게 나누어 줌이 마땅하다. (……) 백제의 왕세자가 왜왕을 위해 만들었으니 후세에 전하여라."는 글이 쓰여 있다. 칠지도는 현재 일본 나라 시의 이소노카미 신사에 보관되어 있다.

【 강대국의 강력한 국왕 】

이와 같이 근초고왕은 중국에서 백제를 거쳐 왜로 연결되는 동아시아의 해상 교역로를 개척했어. 이때부터 백제는 해상 강국으로서 동아시아의 문물 교류에 주도적인 역할을 했지.

그 결과 왕의 권한이 크게 강화되었어. 이전까지는 국왕이라고 해도 지방에 세력을 갖고 있는 귀족들의 힘을 무시할 수 없었어. 그런데 근초고왕은 나라를 발전시킨 공로를 앞세워 왕의 권한을 높여 간 거야. 이를 토대로 왕이 죽으면 다음 왕위를 맏아들에게 물려주는 부자 세습제의 전통을 세웠어. 이전까지는 귀족들의 의견을 물어 왕의 형제 가운데 한 사람에게 왕위를 물려주는 형제 세습제를 따랐거든.

근초고왕은 박사 고흥을 시켜 백제의 역사를 기록하게 했어. 그래서 시조인 온조왕 때부터 400년 가까운 역사를 정리한 『서기』라는 책을 펴냈지. 이것은 백제를 동아시아의 강대국으로 키운 근초고왕의 자부심을 나타낸 일이었어. 그런데 안타깝게도 오늘날 『서기』는 남아 있지 않단다. 하지만 거기에는 분명 근초고왕이 드러내고 싶은 백제의 자랑스러운 역사가 담겨 있었을 거야.

키워드+ **박사**

국제 무대에서 활약한 박사들

오늘날 박사는 대학교에서 최고 지식을 쌓은 사람에게 주는 학위야. 그런데 삼국 시대에도 박사 제도가 있었단다. 삼국 시대의 박사는 학문 분야와 기술 분야에서 최고 전문가를 가리키는 동시에 벼슬 이름이기도 했어. 박사는 나라가 세운 학교에서 학생을 가르치는 일을 했으니, 오늘날의 대학 교수와 비슷했다고 볼 수 있지.

전공 분야에 따라 여러 박사가 있었어. 가장 권위 있는 박사는 오경 박사였지. 오경 박사는 『시경』, 『서경』, 『주역』, 『예기』, 『춘추』라는 다섯 권의 유교 경전을 전문적으로 연구한 학자야. 이 밖에도 기와와 벽돌을 만드는 기술자인 와박사, 불탑을 만드는 전문 기술자인 노반 박사, 질병과 치료를 맡은 의박사, 물시계 관측을 맡은 누각 박사, 계산법을 가르치는 산학 박사, 천문 관측을 맡은 천문 박사 등 여러 분야에 걸쳐 박사들이 있었단다. 백제에서는 백제의 역사책『서기』를 쓴 고흥 박사라든가 일본에 건너가 큰 영향을 끼친 아직기와 왕인 박사가 대표적이지. 백제는 기술이 발달한 나라인 만큼 와박사나 노반 박사 등 전문 기술자들을 잘 대우해 주었단다.

와박사

'신이 내린 기술의 나라'로 불릴 만큼 기술이 뛰어난 백제는 기술자들을 잘 대우했다. 그래서 600년대 무렵에는 삼국 시대 최대의 절 미륵사처럼 거대하면서도 독창적인 절을 지을 수 있었다.

백제는 박사들을 왜에 파견하기도 했어. 일본에서 백제의 발달된 문물과 기술을 받아들이기 위해 박사를 보내 달라고 요청해 왔기 때문이야. 근초고왕은 왜왕에게 보낼 선물로 말 두 필과 함께 박사 아직기를 보냈어. 아직기는 일본 사람들에게 말 키우는 법과 말 타는 법을 가르쳤는데, 일본 사람들은 그가 학문에도 조예가 깊다는 것을 알고는 태자의 스승으로 삼았단다.

아직기의 학식에 감명을 받은 일본 사람들은 더 많은 박사를 보내 달라고 백제에 요청했어. 근초고왕은 이번에는 왕인 박사를 보냈어. 왕인은 『논어』 10권과 『천자문』, 그리고 바느질을 잘하는 여자, 옷감 짜는 기술자, 쇠를 다루는 기술자, 술을 담그는 기술자, 도자기와 말안장을 만드는 기술자, 화공, 의사 등과 함께 일본으로 갔단다.

일본은 왕인을 크게 환영하고 태자의 스승으로 삼았어. 그 뒤 일본 사람들은 왕인의 가르침을 받아 한문을 익히고 유교 경전에 관한 지식이 높아졌어. 왕인은 일본의 문명을 일으킨 은인이었지.

왕인이 죽자 일본 사람들은 크게 슬퍼하며 왕인의 무덤을 화려하게 꾸몄어. 오늘날 일본의 오사카에 그대로 남아 있는 왕인의 무덤에는 아직도 그를 기리기 위해 많은 사람들이 찾아가고 있단다.

호류사 5층 목탑
호류사는 600년대 초에 일본의 쇼토쿠 태자가 세운 절로, 백제에서 많은 기술자들이 건너가 절을 짓는 데 참여했다. 호류사에 세워진 5층 목탑은 백제의 정림사지 5층 석탑과 비슷한 모습으로, 백제의 영향을 받았다는 것을 알 수 있다. 호류사에는 백제에서 보낸 관음상도 보관되어 있다.

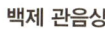

백제 관음상

키워드 26　**사비 천도**

백제, 한강 유역을 빼앗기다

백제는 근초고왕 때 강대국 대열에 올라섰지만, 그 뒤로는 험난한 길을 걸었어. 북방에는 강대국 고구려가 버티고 있고, 남쪽에서는 신라가 빠르게 힘을 키워 도전해 오고 있었기 때문이야. 백제는 이 두 나라 사이에서 때로는 나라의 운명을 건 전쟁을, 때로는 줄타기 같은 절묘한 외교를 벌이며 나라를 유지해야 했어. 그 과정에서 두 번이나 도읍을 옮기는 결단을 내려야 했단다.

【 하남 위례성의 최후 】

근초고왕의 업적에 힘입어 백제는 동아시아의 강대국으로 발돋움했어. 그러나 이웃 고구려에 광개토 대왕과 장수왕이라는 용맹한 왕이 잇달아 등장하여 주변 여러 나라를 정복해 들어가자 백제도 그 영향을 피할 수 없었어. 특히 이전에 백제의 근초고왕이 고구려의 고국원왕을 죽인 사실을 고구려 왕들은 결코 잊지 않았지.

광개토 대왕은 백제를 공격해 근초고왕 때 차지한 황해도 지방의 영토를 다시 빼앗고 백제를 한강까지 밀어냈어. 광개토 대왕의 뒤를 이은 장수왕은 백제의 도읍을 정벌하기 위해 칼을 빼어 들었지. 475년, 장수왕이 육군과 해군을 이끌고 동시에 공격해 오자 백제의 도읍 하남 위례성은 포위당하고 말았어. 백제의 개로왕은 있는 힘을 다해 싸웠지만, 결국 하남 위례성은 함락되고 왕 자신은 고구려군에게 붙잡혀 살해당하고 말았지.

개로왕의 비극과 관련해서는 다음과 같은 이야기가 전해 내려온단다.

고구려 장수왕은 도림이라는 중을 백제에 첩자로 들여보냈어. 백제를 공격하기 전에 정보를 수집하기 위해서였지. 도림은 백제로 가서 자신이 고구려에서 도망해 온 사람이라 속이고 개로왕에게 접근했어. 그 무렵 백제에서는 바둑이 크게 유행했는데, 개로왕도 둘째가라면 서러워할 정도로 바둑광이었지. 도림 또한 바둑의 고수였어. 바둑을 두며 개로왕과 친해진 도림은 개로왕을 꾀어서 궁궐과 왕성을 화려하게 짓게 했어. 지나친 공사로 나라가 어려워지고 백성들의 원망이 커지자 도림은 고구려로 돌아가 장수왕에게 이제 백제를 공격할 때가 됐다고 아뢰었지.

이 이야기가 정말인지는 알 수 없어. 개로왕은 도림이 백제로 오기 전 20년 동안이나 고구려와 당당하게 맞서고 있었는데, 그런 개로왕이 갑자기 바둑에 빠져 나랏일을 소홀히 했다는 것은 이해하기 힘들거든.

하지만 이 이야기는 적어도 고구려와 백제가 서로 대등하게 맞서고 있었다는 것을 보여 주기는 해. 말하자면 장수왕은 정상적인 방법으로는 도저히 백제를 꺾을 수 없었기 때문에 도림을 시켜 개로왕을 계략에 빠뜨리고 나서야 비로소 백제를 이길 수 있었다는 거지.

바둑판과 바둑돌
백제의 의자왕이 하사한 바둑돌과, 그 시대에 사용된 것으로 보이는 바둑판이다. 일본 왕실의 보물 창고인 정창원(쇼소인)에 보관되어 있다.

【 서둘러 옮긴 도읍, 웅진 】

하남 위례성이 함락되자 개로왕의 아들 문주왕은 눈물을 머금고 남쪽 금강 부근의 웅진으로 서둘러 도읍을 옮겨야 했어. 웅진은 오늘날의 공주란다.

웅진은 하남 위례성과 비슷하게 강을 끼고 있고 주변에 산이 있어서 외적을 막기에는 적합했지만 도읍으로 삼기에는 땅이 비좁았어. 도읍으로 삼아야겠다고 미리부터 정해 둔 곳이 아니었기 때문이지.

　허둥지둥 도읍을 옮기는 처지가 되자 왕실의 권위는 땅에 떨어졌어. 왕의 권위가 흔들리자 귀족들은 왕의 말을 듣지 않았지. 더구나 웅진에 이미 터를 잡고 있던 귀족 세력은 옛 마한 때부터 지방을 다스려 온 토박이들이었어. 그들은 외부에서 온 백제 왕족들에게 텃세를 부리기도 했단다.

　나라가 이렇게 어수선해지자 귀족들은 자기들 입맛에 맞는 사람을 왕 자리에 앉히려고 서로 다투었어. 심지어 왕을 암살하는 일도 벌어졌어. 강대국 백제가 어느덧 바람 앞에 흔들리는 등불처럼 가련해진 거지.

　무령왕이 왕위에 오른 것은 바로 이러한 위기의 순간이었어. 무령왕의 아버지 동성왕도 귀족에게 살해당했단다. 무령왕은 먼저 아버지를 죽인 귀족들을 처형하여 나라의 기강을 바로 세웠어. 그리고 백성들을 잘 보살피는 한편, 백제를 압박해 오는 고구려에 맞서 나라를 지켜 냈어.

공산성 도읍 웅진을 방어하기 위해 쌓은 산성이다. 백제 시대에는 웅진성이라고 했다.

【계획된 도읍, 사비성】

무령왕이 다시 왕권을 바로잡은 터전 위에 아들 성왕이 왕위에 올랐어. 성왕은 총명하고 지도력이 남달랐지. 성왕이 나라를 잘 다스리자 백제는 어느덧 예전처럼 강대국으로 다시 발돋움하기 시작했어.

나라가 발전함에 따라 성왕은 웅진보다 넓은 사비로 도읍을 옮기기로 했어. 사비는 오늘날의 부여로, 금강 하류인 백마강 유역에 자리 잡고 있었지. 사비는 웅진성보다 땅이 넓어 많은 백성들을 먹여 살릴 수 있었어. 또 서해를 통해 다른 나라들과 교역하기에도 훨씬 편리했지. 그래서 성왕은 먼저 부소산성을 쌓고 그 아래에 사비 도성을 쌓아 도읍의 면모를 갖춘 다음, 538년에 사비로 도읍을 옮겼어.

백제의 천도
백제는 하남 위례성에서 공주로, 공주에서 부여로 두 차례 도읍을 옮겼다.

웅진이 고구려에 쫓겨 임시로 옮긴 도읍이었다면, 사비는 성왕이 나라의 중흥을 이루기 위해 미리 계획해서 건설한 큰 도읍이었어. 성왕은 도읍을 5부로 나누고, 각 부 밑에는 다시 5개 항을 두어 체계적으로 다스렸어. 그리고 전국은 5방으로 나누고, 각 방 밑에는 7~10개의 군을 두었지.

나라를 정비한 성왕은 개로왕 이후의 왕들이 꿈에도 잊지 못하고 그려 왔던 사업을 시작했어. 바로 하남 위례성이 있던 한강을 되찾는 일이야. 고구려를 혼자 상대하기에는 벅차다고 판단한 성왕은 신라와 손을 잡았어. 그리하여 551년, 백제와 신라 군대는 고구려 세력을 몰아내고 한강 유역을 차지하는 데 성공했단다. 한강 하류는 백제가, 상류는 신라가 나누어 차지했지. 백제로서는 개로왕 때 빼앗긴 한강 유역을 70여 년 만에 되찾은 거였어.

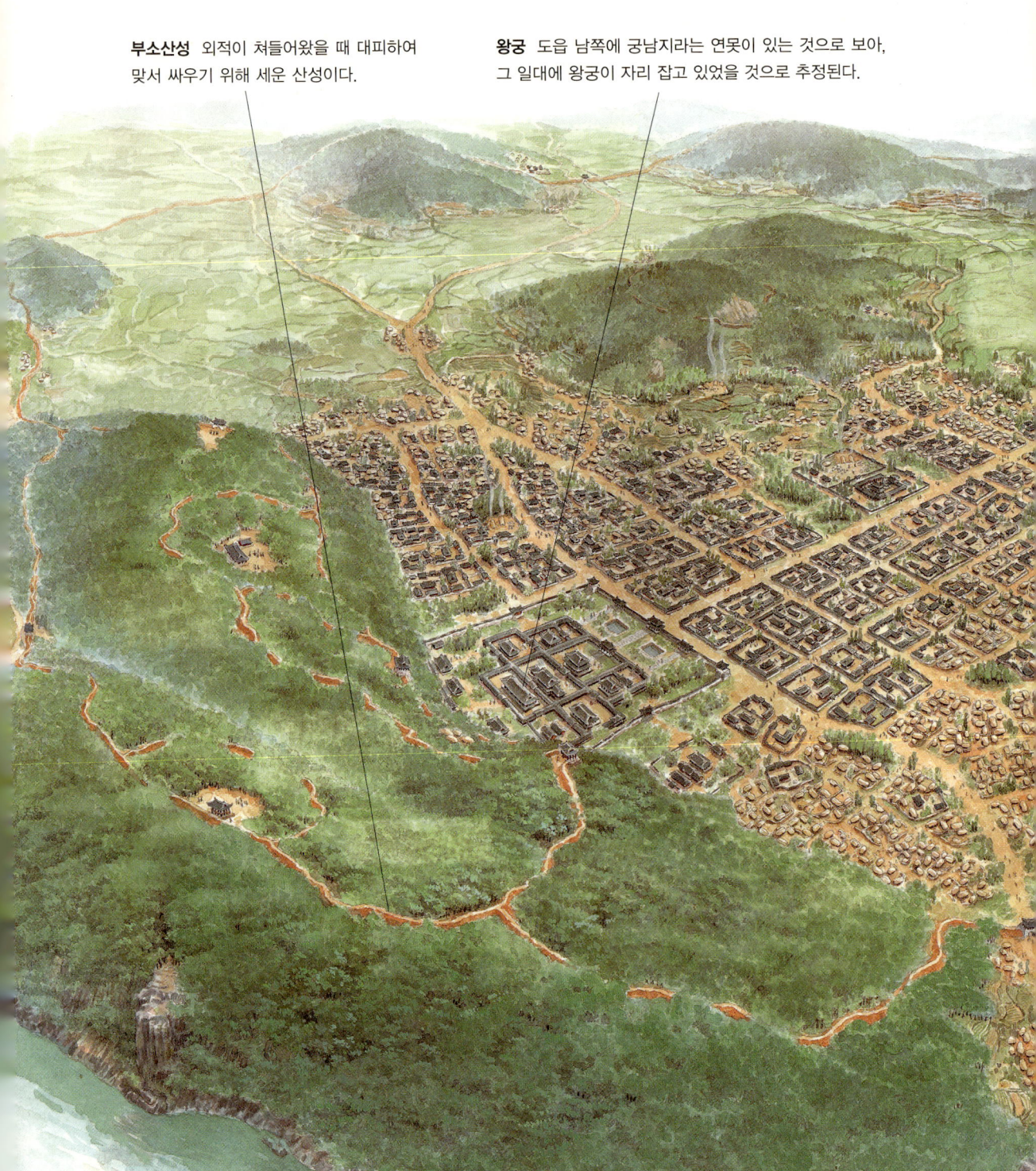

부소산성 외적이 쳐들어왔을 때 대피하여 맞서 싸우기 위해 세운 산성이다.

왕궁 도읍 남쪽에 궁남지라는 연못이 있는 것으로 보아, 그 일대에 왕궁이 자리 잡고 있었을 것으로 추정된다.

사비 도성 상상도 사비성은 도읍을 바둑판처럼 구획을 나누어 건설한 계획 도시이다. 백마강을 끼고 있고 가까이에 부소산이 있어서 교통과 방어에 두루 유리한 조건을 갖추고 있었다.

궁남지 634년 왕궁 남쪽 별궁에 만든 연못이다. 백제의 연못 만드는 기술은 신라와 일본에도 전해졌다.

부여에서 출토된 벼루와 남자용 소변기

하지만 기쁨도 잠시, 힘을 합쳤던 신라가 백제를 배반했어. 신라의 진흥왕이 백제가 차지한 땅까지 독차지하고 싶어서 백제가 마음을 놓고 있는 사이에 백제를 기습 공격한 거야. 백제는 한순간에 다시 한강을 빼앗기고 말았지. 울분에 찬 성왕은 신라에 복수하려고 몸소 군대를 이끌고 출정했지만, 안타깝게도 관산성 전투에서 전사하고 말았단다.

그 뒤로 백제는 신라에 대한 보복 전쟁에 힘을 쏟고 계속 신라를 압박했어. 무왕 때는 열 번도 넘게 신라의 변방으로 쳐들어가 영토를 넓혔고, 의자왕 때는 대야성을 비롯해 신라의 40여 성을 함락시키기도 했지.

백제의 끊임없는 공격에 시달리던 신라는 혼자서 백제를 막아 내기에는 힘이 부족하다고 판단했어. 그래서 당나라와 군사 동맹을 맺어 백제를 정벌하게 된단다.

키워드 27 　해상 왕국

바닷길을 개척한 해상 강국 백제

한강 유역에서 일어난 백제는 나라의 힘을 키워 한반도 서남부 지역을 차지했어. 육지로 보면 백제 땅은 동쪽으로는 신라에 막히고, 북쪽으로는 고구려에 막혀 고립된 것처럼 보이지. 그러나 바닷길로 보면 백제는 서쪽으로는 중국, 동쪽으로는 일본과 연결되는 해상 교역로의 중간 지점에 있었어. 백제는 이러한 지리적인 위치를 이용해 해상 강국으로 커 나갔단다.

【 무령왕릉의 발견 】

1971년 7월 5일, 충청남도 공주시 송산리의 옛 무덤들 사이에서 인부들이 장마철에 대비해 물길 정비 공사를 하고 있었어. 그런데 한 인부의 삽에 뭔가 딱딱한 것이 부딪혔어. 나중에 밝혀졌지만, 그것은 단순한 돌멩이가 아니라 백제의 중흥을 이끈 무령왕의 무덤 입구 벽돌이었지.

그때까지 백제의 왕릉은 발견된 적이 없었어. 그래서 무령왕릉 발견은 아주 큰 뉴스였지. 흙을 파헤치자 벽돌을 쌓아 만든 돌방이 드러났고, 문을 열어젖히자 1500년 동안 잠들어 있던 휘황찬란한 보물들이 모습을 드러냈어. 무령왕릉에서 나온 유물 가운데 눈에 띄는 것은 오수전이라는 동전이었어. 오수전은 중국의 양나라에서 쓰던 돈이야. 그러니까 오수전은 곧 무령왕이 중국의 나라들과 교류했다는 것을 보여 주는 것이었지. 실제로 양나

중국 화폐 오수전

라에서 자기 나라를 방문한 외국 사신들을 그린 「양직공도」라는 그림에는 백제 사신이 그려져 있기도 해.

또 하나 눈에 띄는 것은 무령왕과 왕비의 시신이 담겨 있던 관의 나무였어. 이 나무는 금송이라는 것인데, 일본에서만 자라는 나무야. 이것을 보면 무령왕이 일본과 매우 가깝게 지냈다는 것을 알 수 있지.

이처럼 무령왕릉은 무령왕 때 백제가 중국과 일본을 잇는 문화 교역로의 한가운데에서 중개자 역할을 하며 번성했다는 사실을 알려 준단다.

디지털로 복원한 무령왕릉 내부 모습

무령왕릉에서 나온 유물들

무령왕은 한강을 빼앗긴 뒤 쇠퇴해 가던 백제를 다시 일으킨 왕이었다. 무령왕릉에서 출토된 유물들을 보면 무령왕 당시 백제 문화의 수준과 왕족의 생활을 알 수 있다.

은팔찌 은팔찌 테두리 안쪽에 520년 2월, 다리라는 장인이 왕비를 위해 이 팔찌를 만들었다는 내용이 새겨져 있다. 국보 160호.

왕비의 관 꾸미개 왕비의 머리 부분에서 한 쌍이 포개어진 채 발견되었다. 얇은 금판에 인동초무늬와 불꽃무늬를 새겼다. 국보 155호.

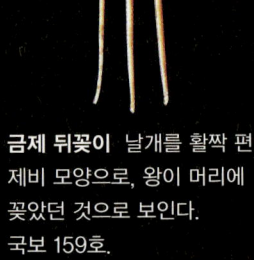

금제 뒤꽂이 날개를 활짝 편 제비 모양으로, 왕이 머리에 꽂았던 것으로 보인다. 국보 159호.

청자 항아리와 흑갈유 병 중국 남조의 양나라에서 수입한 도자기로, 무령왕 때 중국과 활발하게 교역했다는 사실을 알려 준다.

청동 수저 젓가락 손잡이 부분에 둥근 고리를 만들어 끈으로 묶어 놓을 수 있게 한 것이 특이하다.

용무늬 고리 자루 큰칼 왕의 시신 옆에서 발견되었는데, 자루 끝 둥근 고리 안에 여의주를 문 용이 장식되어 있다.

청동 다리미 왕비의 관 밑에서 발견된 것으로, 왕비가 살아 있을 때 사용하던 다리미로 보인다.

나무 베개 가운데를 U자 모양으로 파내어 머리를 올려놓을 수 있게 만든 왕비의 베개이다. 국보 164호.

금귀걸이(국보 156호)와 굽은옥 금모자를 씌워 정교하고 화려하게 꾸민 굽은옥은 무령왕 때 백제의 금세공 기술이 얼마나 발달했는지를 잘 보여 준다.

동제 잔받침과 은잔 백제 특유의 부드러운 곡선미가 돋보이는 은잔이다. 겉면에 섬세하고 화려한 무늬를 새겨 넣었다.

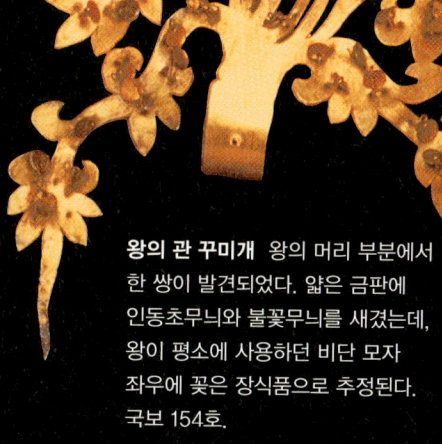

왕의 관 꾸미개 왕의 머리 부분에서 한 쌍이 발견되었다. 얇은 금판에 인동초무늬와 불꽃무늬를 새겼는데, 왕이 평소에 사용하던 비단 모자 좌우에 꽂은 장식품으로 추정된다. 국보 154호.

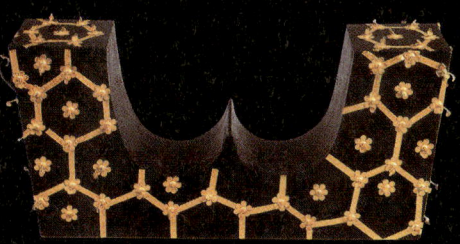

발받침 왕의 발받침을 복원한 것이다. 가운데를 W자 모양으로 파내어 두 발을 올려놓을 수 있게 했다. 베개와 한 쌍으로 만들었다.

금동 신발 왕비의 발치에서 발견되었는데, 금동 못이 박혀 있고 사람이 신기에는 매우 큰 것으로 보아 실제로 신은 신발이 아니라 부장품으로 묻었다는 것을 알 수 있다.

【바닷길을 개척하라】

백제는 어떤 길을 통해 중국과 왕래했을까? 5세기 무렵까지는 항해 기술이 발달하지 못해 백제에서 서해를 곧장 가로질러 중국으로 갈 수 없었어. 그래서 고구려 연안을 따라 북쪽으로 올라갔다가 다시 중국 대륙의 동해안을 따라 내려가는 뱃길을 이용할 수밖에 없었지.

그런데 6세기 무령왕 시대에는 고구려와 대립했기 때문에 고구려 연안 항로를 이용할 수 없었어. 그래서 오늘날의 전라북도 부안에서 중국 쪽 산동반도로 질러가는 길을 개척했단다. 나중에는 사비성 부근 기벌포에서 곧장 남서쪽으로 가로질러 오늘날 중국의 상하이에 이르는 길도 열었지.

바닷길을 개척하려면 땅이 보이지 않는 망망대해에서 별자리로 위치와 방향을 찾는 항해 기술이 필요했어. 뿐만 아니라 높은 파도를 이겨 내며 먼

바다를 항해할 수 있는 튼튼한 배도 필요했지. 백제의 수준 높은 항해 기술과 배 만드는 기술은 왜에도 전해져, 나중에 왜가 중국에 사신을 보낼 때 요긴하게 쓰이기도 했단다.

백제의 활발한 해양 활동을 보여 주는 대표적인 유적지는 전라북도 부안의 죽막동 유적이야. 죽막동은 부안의 변산반도 서쪽에 있는데, 이곳에서 제사 터와 제사용 토기, 제사 지낼 때 특별히 사용하던 제사 도구들이 발굴되었어. 이곳 바다는 물살이 몹시 세어서 예부터 이 근처를 지나던 배가 거센 풍랑을 만나 침몰한 적이 많았던 곳이야. 그러니 백제 시대에도 이곳을 지나쳐 가는 배들이 잠시 정박해서 앞으로의 항해길이 안전하기를 비는 제사를 지내지 않았을까 싶구나. 심 봉사의 딸 심청이 뱃사람들에게 제물로 몸을 파는 이야기도 어쩌면 이곳에서 비롯되었을지도 모르지.

죽막동에서 발굴된 그릇들 가운데 가야와 일본, 중국 그릇까지 있는 것을 보면 당시 백제가 중국과 일본을 잇는 해상 교통로를 차지한 강대국으로서 이웃 나라들과 교류가 활발했다는 것을 알 수 있어.

일본의 역사책에도 백제가 해상 왕국이었음을 보여 주는 기록이 나온단다. 백제가 부남 왕국의 재물과 노비를 왜에 전해 주었다는 내용인데, 부남은 오늘날의 캄보디아에 있던 고대 왕국이야. 또 곤륜에서 온 사신을 바다에 던져 버렸다는 이야기도 있는데, 곤륜은 오늘날의 동남아시아 일대를 가리키는 이름이었어. 이를 보면 백제의 해상 교역망이 서해와 남해를 넘어 멀리 동남아시아까지 뻗어 나갔다는 것을 알 수 있지.

그렇지만 이때 백제만 홀로 성장하고 있었던 것은 아니야. 삼국 가운데 가장 뒤떨어져 있던 이웃 신라도 무서운 속도로 성장하고 있었지. 이제 곧 한반도의 주인 자리를 놓고 고구려·백제·신라가 운명을 건 승부를 겨루는 날이 다가오고 있었어.

키워드 28 **백제 문화**

문화 강대국 백제

백제는 중국에서 일본으로 이어지는 교역로의 한가운데를 차지한 강대국이었다고 했지? 백제는 중국의 선진 문물을 받아들이고 이를 신라와 왜에 전해 주었어. 뿐만 아니라 백제만의 색깔을 지닌 독특한 문화를 만들어 내기도 했지. 그래서 오늘날 우리는 백제가 남긴 향로, 석탑, 불상, 도기, 기와 등에서 백제 사람들이 일궈 낸 찬란한 문화의 숨결을 고스란히 느낄 수 있단다.

【당대 최고의 예술품, 금동 대향로】

1993년, 백제의 사비성 자리에서 조금 떨어진 능산리의 한 절터에서 세상을 깜짝 놀라게 한 유물이 발굴되었어. 높이가 64센티미터나 되는 커다란 향로였는데, 그 자태가 무척이나 고급스럽고 아름다웠어. 그때까지 삼국 가운데 어느 나라의 향로도 발견된 적이 없었기 때문에 더더욱 사람들의 관심을 끌었지.

금동 대향로는 백제 사람들의 금속 공예 기술이 얼

금동 대향로 백제의 옛 도읍 부여의 능산리 절터에서 발견된 향로이다. 한국에서는 처음 발견된 것일 뿐만 아니라 중국에서도 이렇게 크고 화려한 향로는 발견된 적이 없어 귀중한 문화재(국보 287호)로 꼽힌다.

마나 뛰어났는지를 잘 보여 주는 유물이야. 향로는 절에서 불공을 드릴 때 향을 피우는 그릇인데, 중국에서 많이 만들었어. 백제도 중국의 향로들을 본떠 이 향로를 만들었을 거야. 하지만 중국 향로보다 훨씬 세심하게 다듬어 만드는 기술을 보여 주고 있지. 또 전체적인 모양새가 세련되어 한결 높은 기품이 뿜어져 나오고 있단다.

백제는 이렇게 금속을 마치 무른 나무를 조각하듯 세공하는 기술이 뛰어났는데, 최고 기술을 가진 사람에게는 박사라는 관직을 주었어. 고대 사회에서는 손 기술로 작업하는 기술자들이 보통 낮은 대우를 받았지만, 백제는 그런 기술자들에게 특별히 높은 관직을 주어 기술을 더욱 발달시키도록 지원했던 거야.

【미륵사지 석탑】

전라북도 익산에 백제의 무왕이 세운 미륵사의 터가 있어. 절 건물들은 오래 전에 사라지고 없고, 얼마 전까지 커다란 석탑 하나가 우뚝 서 있었지. 이 석탑의 크기로 보아 절의 규모도 엄청나게 컸을 것으로 짐작된단다.

이 미륵사지 석탑은 돌을 다루는 백제 장인들의 뛰어난 솜씨를 보여 주고 있어. 탑이란 원래 부처님의 사리(부처님의 유골이나, 스님이 죽어서 화장하면 나오는 구슬 모양의 유골)를 모셔 놓은 건축물이야. 중국에서는 주로 나무로 만들었지.

미륵사지 석탑 우리나라에 남아 있는 탑 중에서 가장 오래되고 규모가 큰 석탑이다. 현재 복원 작업을 하고 있다. 국보 11호.

백제 문화

서산 마애 삼존불 백제는 중국이 석굴 사원을 짓는 것을 보고 그것을 본떠 바위에 불상을 조각하기 시작했는데, 대표적인 것이 서산 마애 삼존불이다. 가운데 부처는 둥근 눈에 두툼한 입술을 하고 알 듯 모를 듯한 웃음을 띠고 있는데, 이를 '백제의 미소'라고 한다. 국보 84호.

    그런데 나무로 만든 탑은 불이 나면 쉽게 타 버리는 단점이 있어. 그래서 백제에서는 단단한 화강암을 가지고 나무로 지은 목탑과 똑같은 모양으로 탑을 만들기로 했어. 그 무렵 고구려나 신라는 미처 해 보지 못한 기발한 생각이었지. 게다가 이러한 석탑을 만들려면 엄청나게 무거운 화강암을 떡 주무르듯 자르고 다듬을 수 있는 높은 기술력이 필요했어. 그런데 백제에는 그런 기술이 있었던 거야.

    백제의 장인들이 돌을 다룬 솜씨는 석불에도 남아 있단다. 그중 대표적인 석불은 충청남도 서산의 가야산 계곡에 있는 절벽 바위에 세 부처를 새긴 서산 마애 삼존불이야. 깎아지른 절벽을 그대로 재료로 삼아 거기에 불상을 조각한 것인데, 이것을 보면 백제 석공들이 돌을 얼마나 자유자재로 다루었는지 알 수 있어.

서산 마애 삼존불의 가운데 부처는 웃는 듯 마는 듯 온화한 웃음을 머금고 있어. 아마 이 부처의 얼굴 모습은 백제 사람들이 자기들 얼굴을 모델로 해서 새겼을 거야. 그래서 이를 '백제의 미소'라고 한단다.

【금동 미륵보살 반가사유상】

백제 장인들의 예술 감각이 가장 잘 드러난 작품은 뭐니 뭐니 해도 금동 미륵보살 반가사유상이야. 부처가 한쪽 다리를 다른 쪽 다리에 걸치고 앉아 손으로 턱을 괸 자세로 깊은 생각에 잠겨 있는 모습이지.

가냘픈 몸매에 살아 움직일 듯한 자태, 얼굴에 띤 자비로운 미소는 백제의 예술가들이 아니고서는 만들 수 없었을 거야. 백제는 금속과 나무로 이러한 명품을 만들어 신라와 왜에도 전해 주었어. 오늘날 일본의 국보 1호는 바로 백제 사람들이 전해 준 목조 미륵보살 반가사유상이란다.

금동 미륵보살 반가사유상(백제)
국보 83호.

목조 미륵보살 반가사유상(일본)

【우아하고 세련된 백제 문화】

백제 장인들은 건물의 기와나 벽돌을 만들면서 그 겉면에도 예술 작품을 남겨 놓았어. 연꽃무늬를 수놓는가 하면 신선들이 노니는 이상 세계를 나타내기도 했지. 그 무렵 이웃 신라에서도 기와를 만들었지만, 아직 무늬 없는 밋밋한 기와뿐이었지. 무엇 하나를 만들더라도 거기에 예술혼을 불어넣는 것이 백제 장인들의 습관이었나 봐.

백제 장인들이 손재주를 뽐낸 또 하나의 분야는 도기 제작이었어. 토기는 벌써 오래전부터 만들었지만 표면이 거칠어서 사용하기에 불편했지. 백제 사람들은 중국의 기술을 받아들여 토기 겉면에 유약을 입혀 구워서 반들거리게 만드는 기술을 개발했어. 이것을 도기라고 한단다.

토기에 바른 유약이 토기 겉면에 녹아들게 하려면 아주 높은 온도에서 구

산수무늬 벽돌 백제는 벽돌 하나에도 수준 높은 미술 작품을 그려 넣었다. 이 그림은 신선이 노니는 세계를 표현한 것으로, 백제에서 불교 이외에 신선 신앙도 널리 믿었음을 알 수 있다. 보물 343호.

연꽃무늬 벽돌 벽돌 2개를 합쳐서 연꽃 모양이 되게 만들었다.

상자 모양 벽돌 부여의 군수리 절터에서 발굴된 것으로, 절의 벽면이나 바닥을 장식하는 데 쓰였을 것으로 보인다.

백제의 기와 기와는 백제 문화의 특징을 잘 보여 주는 것으로, 대부분이 연꽃무늬이다.

녹유 탁잔(왼쪽)과 녹유 병(오른쪽)
토기에 유약을 칠한 다음 높은 온도에서 구워 낸 것이다. 토기에서 도자기로 기술이 발달하고 있는 것을 보여 준다.

워야 했어. 그래서 특수한 가마가 필요했지. 그런 가마에서 생산된 고급 도기는 이웃 신라와 왜에 전해져 큰 인기를 끌었어. 특히 백제의 도기를 최고급품으로 여긴 왜는 백제 장인들을 모셔다가 열심히 기술을 배웠단다.

이렇게 다양한 분야의 백제 장인들이 빚어낸 예술품들은 모두 섬세하고 세련된 아름다움을 자아내고 있어. 게다가 그 안에는 당시 중국·왜와 교류하면서 생긴 국제적인 감각까지 배어 있지. 그러면서도 결코 사치스럽게 여겨지지 않고 보는 이의 마음을 훈훈하게 해 준단다. 이것은 백제 사람들이 침략이나 정복보다 평화와 우호를 더 사랑했기 때문일 거야.

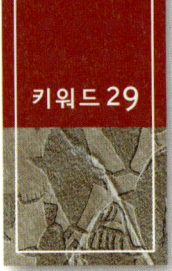

키워드 29 **황산벌 전투**

백제와 신라의 운명을 건 싸움

660년 7월, 백제의 계백 장군과 신라의 김유신 장군은 황산벌에서 각각 나라의 운명을 건 한판 승부를 벌였어. 계백 장군이 이곳에서 신라군을 막지 못하면 나라가 당장 위험에 빠질 판이었지. 반면 김유신 장군은 당나라와의 연합 작전에 합류하기 위해 한시라도 빨리 이곳을 돌파해야만 했어. 황산벌에서 서로 한 치도 양보할 수 없는 대접전이 벌어진 거야.

【운명의 날이 다가오다】

660년 여름, 백제의 운명을 결정할 순간이 다가오고 있었어. 신라와 당나라가 힘을 합쳐 백제를 공격하기로 하고 군대를 출동시킨 거야. 당나라의 소정방 군대는 배를 타고 금강으로 들어가고, 신라군은 육지를 통해 사비성 남쪽으로 가서 7월 10일 서로 만나 백제의 사비성을 합동으로 공격하기로 했지.

신라의 김유신 장군은 5만 병사를 이끌고 오늘날의 경기도 이천을 출발해서 부지런히 남쪽으로 내려와 7월 9일 황산벌에 이르렀어. 그곳에서는 이미 백제의 계백 장군이 5천 병사를 배치해 놓고 기다리고 있었지.

김유신은 소정방과 약속한 7월 10일까지 사비성 남쪽에 도착해야 했기 때문에 한시바삐 백제군을 물리쳐야 했어. 반면에 계백 장군은 이곳에서 신라군을 막아 내지 못하면 나라가 매우 큰 위험에 빠질 판이라 목숨을 걸고 막을 태세였지. 황산벌 전투는 이처럼 백제·신라 두 나라의 운명을 건 한판 승부였어.

【 목숨을 바쳐 지켜라 】

계백 장군은 의자왕이 전장에 나가 신라군을 막으라는 명령을 내릴 때 이미 전세가 백제에 불리하다는 것을 알고 있었어. 그래서 집에 들러 아내와 자식들을 불러 놓고 말했어.

"내가 지금 신라와 싸우러 나갈 것인데, 만약 져서 식구들이 적의 포로나 노예가 된다면 어찌 참을 수 있겠느냐."

그러고는 가족의 목을 모두 베어 버렸어. 이를 본 부하들은 계백 장군의 굳은 의지에 자신들도 목숨을 바쳐 싸워야겠다고 다짐했지.

계백 장군은 5천 병사를 이끌고 먼저 황산벌에 도착해서 유리한 고지 세 군데를 차지하고 병력을 배치해 두었어. 곧이어 도착한 김유신은 갈 길이 바빠 기다릴 것도 없이 일제히 공격해 왔어. 그런데 신라군은 쉽사리 백제군을 돌파할 수 없었어. 네 차례나 공격을 감행했지만 번번이 패하고 말았지. 비록 백제군의 수는 신라군의 10분의 1밖에 안 됐지만, 목숨을 걸고 죽기 살기로 싸웠기 때문이야. 신라군이 전세를 뒤집으려면 뭔가 특별한 조치가 필요했어.

황산벌 계백 장군이 김유신의 신라군을 맞아 목숨을 걸고 싸웠던 곳이다.
충청남도 논산시 연산면 천호리, 연산리, 표정리, 관동리, 송정리 등을 포함하는 넓은 들이다.

그래서 김유신의 동생 김흠순 장군이 아들 반굴을 불러 말했어.

"지금이야말로 네가 화랑으로서 나라에 충성하고 부모에게 효도를 다할 수 있는 기회다."

그러자 화랑 반굴은 홀로 적진을 향해 공격해 들어갔어. 그러나 반굴은 백제군에게 간단히 죽임을 당하고 말았지.

이번에는 김품일 장군이 아들 관창을 불렀어. 화랑 관창도 홀로 적진을 향해 뛰어들었지만 포로로 잡히고 말았어. 계백 장군이 관창의 갑옷을 벗겨 보니 이제 열여섯 살밖에 안 된 애송이였어. 계백 장군은 어린 나이에 용감하게 뛰어든 관창을 기특하게 여겨 놓아주었어.

계백 장군 무덤
계백 장군은 신라의 김유신 부대와 싸워 패하고 장렬하게 전사했으나 그의 시신이 어디에 묻혔는지는 알 수 없다. 그래서 사람들은 충청남도 논산의 황산벌로 추정되는 기슭에 계백 장군의 무덤을 만들어 놓고 그를 기리고 있다.

하지만 관창은 가던 길을 돌려 다시 백제군을 향해 돌진했고, 이번에도 다시 포로가 되었지. 계백 장군도 더는 용서하지 않고 관창을 죽였어. 그러고는 관창의 머리를 말안장에 매달아 신라 진영으로 돌려보냈단다.

이 광경을 본 신라 병사들은 분노가 치밀었지. 어린 관창의 용기와 결연한 죽음에 자극을 받은 신라군은 하늘을 찌를 듯이 사기가 올라 단번에 백제군을 물리쳤어.

백제군을 물리친 김유신은 서둘러 약속한 장소로 행군했지만 그만 하루가 늦고 말았어. 당나라의 소정방은 김유신에게 약속을 지키지 않았다며 불같이 화를 냈지. 김유신도 물러서지 않고 맞서서 자칫하면 두 나라 병사들 사이에 전투가 벌어질 뻔하기도 했어. 하지만 결국 두 나라는 계획대로 합동 작전을 펴서 백제의 사비성을 함락시켰지.

그리하여 마침내 백제는 멸망했고, 후세 사람들은 의자왕이 나라를 잘못 다스린 결과라며 나무랐지. 하지만 계백 장군은 나라를 위해 목숨을 바친 충신으로 높이 떠받들었어. 계백 장군의 무덤과 계백 장군의 영정을 모신 사당에는 지금도 많은 사람들이 찾아가 장군의 넋을 기리고 있단다.

키워드 30 | **의자왕**

백제가 멸망한 이유

부여에 가면 부소산성 끝자락 백마강을 굽어보는 언덕 위에 낙화암이라는 큰 바위가 있어. 백제가 멸망하자 의자왕이 거느리던 궁녀 3천 명이 이곳에서 백마강으로 몸을 던졌다는 전설이 전해지지. 그렇지만 이것은 어떤 역사 기록에도 나오지 않는 꾸며 낸 이야기일 뿐이란다. 그렇다면 백제 멸망에 얽힌 진실은 무엇일까?

【 삼천 궁녀 이야기의 진실 】

『삼국사기』에는 의자왕이 사치를 부리고 궁녀들과 술이나 마시며 나랏일을 돌보지 않았다고 쓰여 있어. 그래서 신라와 당나라 연합군이 쳐들어와도 막아 내지 못했다는 거지. 아마도 누가 이 기록을 바탕으로 낙화암의 삼천 궁녀 이야기를 지어냈을 거야.

하지만 의자왕은 왕위에 오를 때만 해도 백성들이 총명한 왕이라며 칭송이 자자했던 인물이야. 그런 칭송에 어긋나지 않게 의자왕은 나라의 기강을 어지럽히는 귀족들을 엄하게 다스리고 백성들을 보살폈어. 또 백제를 배반한 신라에 대해 보복 전쟁을 벌여서 대야성을 비롯한 많은 성을 빼앗기도 했지. 그러자 백성들은 의자왕을 더욱 높이 받들었어.

그런 의자왕이 갑자기 방탕한 생활을 하며 나랏일을 돌보지 않았다는 것은 이해하기 힘든 일이지. 더구나 백제가 단지 의자왕 한 사람의 방탕 때문에 멸망하게 되었다는 것은 역사를 바라보는 올바른 시각이 아니야. 당시 상황을 종합적으로 바라보면서 백제가 멸망하게 된 근본 원인을 밝혀내야 하는 거지. 그러면 백제를 멸망으로 이끈 가장 큰 원인은 무엇이었을까?

【 국제 외교에 실패한 백제 】

백제가 멸망한 가장 직접적인 이유는 당시의 국제 관계가 백제에 불리하게 돌아간 데 있었어. 그 무렵 동아시아에서는 중국의 통일 왕조인 당나라와 한반도의 고구려·백제·신라 4개국이 서로 패권을 다투고 있었어. 삼국은 그 누구도 단독으로 패권을 잡을 형세가 아니었기 때문에 누가 누구와 손을 잡느냐가 아주 중요했지.

백제는 신라를 주된 적으로 삼고 있었어. 성왕이 신라군에게 전사한 뒤 그 뒤의 왕들은 기회만 되면 신라를 공격하려고 별렀지. 의자왕도 왕위에 오르고 나서 여러 차례 신라를 공격해 신라 땅을 빼앗았어.

하지만 당시 백제는 신라를 완전히 꺾을 수 있을 만큼 힘이 강하진 않았어. 신라는 진흥왕 이래 날이 갈수록 힘이 강해지고 있었거든. 그래서 의자

낙화암 부소산 북쪽 백마강 기슭에 있는 큰 바위이다. 백제가 멸망하던 날 이곳에서 3천 궁녀가 백마강으로 몸을 던졌다는 전설이 깃들어 있다.

왕은 고구려와 손잡고 신라를 공격하기도 했지.

그런데 이것이 당나라의 신경을 건드렸어. 당나라는 요동 지방을 차지하고 있는 고구려를 몰아내려고 안간힘을 썼지만, 연개소문이라는 강력한 장군이 지키고 있어 쉽지가 않았어. 그래서 신라의 도움을 얻어 전방과 후방 양쪽에서 공격하려고 했지. 그런데 그런 신라를 백제가 공격했던 거야.

당나라도 처음에는 백제를 공격할 생각이 없었어. 그러나 신라를 자기편으로 끌어들이기 위해 신라의 요구를 받아들여 백제를 공격하기로 했어. 당나라가 백제를 무너뜨려 주면 신라는 그 대가로 당나라가 고구려를 공격할 때 힘을 보태기로 했거든.

이렇게 신라와 당나라 사이의 동맹은 강해지고 있던 반면, 백제와 고구려는 서로 도울 힘을 잃어 갔어. 그리하여 백제는 동아시아의 국제 정세 속

대야성 경상남도 합천 매봉산에 쌓은 성으로, 의자왕이 함락시킨 신라의 성 가운데 하나이다. 신라의 서쪽 국경선에 있었으며, 이곳에서 소백산맥을 넘으면 백제 땅이어서 전략적으로 중요한 성이었다. 산성 아래로 황강이 흘러 방어하기에 유리한 형세를 이루고 있다.

에서 고립되어 외로운 신세가 되었지. 이 시점부터 백제의 운명이 기울기 시작한 거야.

【 의자왕의 잘못된 판단 】

그런데 모든 것이 국제 정세 탓이고 의자왕의 잘못은 없었던 걸까? 의자왕의 잘못은 분명히 있었어. 하지만 의자왕의 잘못은 나랏일을 돌보지 않고 방탕한 생활을 한 데 있는 것이 아니라, 당시의 어지러운 국제 관계를 정확하게 읽지 못하고 나라에 불리한 결정을 내린 데 있었어. 그러니까 무리하게 신라를 공격함으로써 신라가 당나라와 손을 잡지 않을 수 없도록 내몰았다는 말이야.

의자왕의 잘못된 판단은 여기에서 그치지 않았어. 660년, 신라와 당나라가 합동 작전으로 백제를 공격하기로 했을 때 의자왕은 적절한 작전으로 대처하지 못해 나라를 더 큰 위험에 빠뜨리고 말았어.

그때 신라와 당나라는 동서 양쪽에서 동시에 공격하는 양면 작전을 펴기로 했단다. 당나라는 서해를 건너 덕적도에 도착한 뒤 백강(지금의 백마강)을 통해 사비성을 공격하기로 했어. 신라는 소백산맥의 탄현 고개를 넘어 육지에서 사비성을 향해 진격하기로 했지.

백제의 장군들은 신라와 당나라의 작전을 미리 알고 대책을 논의했어. 많은 장군들이 당나라군을 백강 입구부터 막아 사비성으로 들어오지 못하게 하고, 신라군도 탄현 고개에서부터 막아야 한다고 주장했어. 그런데 어떤 이들은 일단 당나라군을 백강으로 깊이 끌어들인 다음 좁은 수로에서 공격하고, 신라군도 탄현을 지나게 한 다음 계곡에서 기습 공격을 하자고 했지.

의자왕은 우왕좌왕하다가 결국 적군을 끌어들인 뒤에 공격하자는 편의 손을 들어 주었어. 그리고 여기에 반대하는 장군들은 벼슬자리를 빼앗고 감

나·당 연합군의 진격로
당나라군은 서해를 건너 덕적도에 도착하여 신라와 작전 회의를 한 뒤, 백제의 백강을 통해 사비성으로 진격했다. 신라군은 지금의 이천을 거쳐 소백산맥 탄현 고개를 넘은 뒤 황산벌에서 백제군을 물리치고 사비성으로 진격했다.

옥에 넣어 버렸어. 하지만 이는 백제가 망하는 길이었다는 것이 밝혀졌어. 백강으로 들어온 당나라군은 오히려 백제군을 물리치며 사비성으로 재빠르게 접근해 왔어. 신라군도 황산벌에서 백제군과 치열한 접전을 벌였지만 결국 승리하고 사비성 남쪽으로 들어왔지.

마침내 사비성은 두 나라 군대에 점령당하고 의자왕은 웅진성으로 피해 끝까지 싸우려 했지만, 전세는 이미 기울어 버린 뒤였어. 당나라는 의자왕을 비롯해 수많은 백제 사람들을 포로로 잡아 자기네 나라로 끌고 갔어.

이렇게 해서 700년 가까이 번창해 온 강대국 백제의 역사는 막을 내리고 말았단다.

【 신라와 당나라, 동맹에서 전쟁으로 】

당나라는 백제를 무너뜨리고 그 땅에 웅진 도독부라는 관청을 두어 직접 다스리려고 했어. 당나라의 이런 행동은 신라와 맺은 신의를 저버린 것이었지. 당나라는 신라와 동맹을 맺을 때 백제와 고구려를 함께 무너뜨린 다음 대동강 남쪽은 신라가, 북쪽은 당나라가 차지하기로 약속했는데, 이에 따르면 백제 땅은 당연히 신라가 차지해야 했거든.

당나라가 동맹국 신라와의 약속을 저버리고 백제 땅을 차지하려고 하자 신라는 이를 받아들일 수 없었지. 결국 머지않아 신라는 당나라와 동맹 관계를 끊고 당나라를 한반도에서 몰아내기 위해 당나라와 기나긴 전쟁을 시작하게 된단다.

연표

선사 시대~고조선과 여러 나라

70만 년 전 한반도에서 구석기 시대가 시작되었다.

기원전 8000년 무렵 신석기 시대가 시작되었다.

기원전 2333년 고조선이 건국되었다(『삼국유사』).

기원전 1500년 무렵 청동기 시대가 시작되었다.

기원전 1000년 무렵 한반도 일부에서 벼농사를 짓기 시작하였다.

기원전 300년 무렵 우리나라에 철기 문화가 전래되었다.

기원전 194년 위만이 준왕을 몰아내고 고조선의 왕이 되었다.

기원전 108년 한나라와의 전쟁에서 패해 고조선이 멸망하였다. 한나라가 고조선의 옛 땅에 낙랑군·진번군·임둔군·현도군 등 한사군을 설치하였다.

기원전 82년 고조선 사람들의 끈질긴 저항으로 한나라가 진번군과 임둔군을 폐지하였다.

56년 고구려가 옥저를 통합하였다.

313년 고구려가 낙랑군을 점령하였다.

369년 백제가 마한 땅을 모두 차지하였다.

494년 부여가 고구려에 완전히 흡수되었다.

고구려

기원전 37년 주몽이 압록강 유역 졸본성에서 고구려를 세웠다.

3년 유리왕이 졸본성에서 국내성으로 도읍을 옮겼다.

194년 고국천왕이 재상 을파소의 건의를 받아들여 진대법을 실시하였다.

313년 미천왕이 낙랑군을 멸망시켰다.

371년 고국원왕이 백제와의 전투에서 전사하였다.

372년 소수림왕이 불교를 받아들이고 태학을 세웠다.

373년 소수림왕이 율령을 반포함으로써 고대 국가의 체계를 확립하였다.

396년 광개토 대왕이 백제의 하남 위례성을 함락하여 아신왕의 항복을 받아 냈다.

400년 광개토 대왕이 군사 5만 명을 신라에 보내 백제·가야·왜의 삼국 연합군을 격파하였다.

427년 장수왕이 도읍을 평양으로 옮겼다.

449년 신라의 충주를 점령하고 중원 고구려비를 세웠다.

475년 백제의 도읍 하남 위례성을 점령하고 개로왕을 전사시켰다.

551년 나·제 연합군에게 한강 유역을 빼앗겼다.

598년 수 문제가 30만 대군을 이끌고 침입해 왔다.

600년 태학 박사 이문진이 전해져 오던 역사책 『유기』 100권을 요약하여 『신집』 5권을 편찬하였다.

612년 을지문덕이 살수에서 수나라 양제의 100만 대군을 물리쳤다(살수 대첩).

642년 연개소문이 영류왕을 죽이고 권력을 잡았다.

645년 침입해 온 당나라 10만 대군을 양만춘이 안시성에서 물리쳤다(안시성 전투).

668년 나·당 연합군이 평양성을 함락하여 고구려가 멸망하였다.

670년 검모잠이 왕족 안승을 왕으로 추대하고 고구려 부흥 운동을 펼쳤다.

백제

기원전 18년 온조가 하남 위례성에서 백제를 세웠다.

9년 온조왕이 마한을 점령하였다.

260년 고이왕이 16관등과 관리의 복식을 정하였다.

371년 근초고왕이 고구려의 평양성을 공격하여 고국원왕을 전사시켰다.

375년 박사 고흥이 백제의 역사책 『서기』를 편찬하였다.

384년 중국 동진의 승려 마라난타가 불교를 전하였다.

396년 고구려 광개토 대왕이 수군을 이끌고 도성을 공격해 왔다.

405년 일본에 한학을 전하였다.

433년 비유왕이 신라 눌지왕과 나·제 동맹을 맺었다.

475년 개로왕이 고구려와의 전쟁에서 전사하고 문주왕이 왕위에 올라 도읍을 웅진으로 옮겼다.

501년 동성왕이 살해당하고 무령왕이 왕위에 올라 백제의 중흥을 꾀하였다.

538년 성왕이 도읍을 사비성으로 옮겼다.

551년 신라와 연합하여 고구려를 몰아내고 한강 하류 지역을 되찾았다.

553년 신라의 급습으로 한강 하류 지역을 빼앗겼다.

642년 의자왕이 신라의 대야성 등 40여 성을 점령하였다.

660년 계백 장군이 신라와 황산벌 전투에서 패하고, 나·당 연합군의 공격으로 사비성이 함락당함으로써 백제가 멸망하였다.

661년 복신, 도침, 흑치상지 등이 왕족 부여풍을 추대하고 백제 부흥 운동을 펼쳤다.

신라

기원전 57년 박혁거세가 서라벌에서 신라를 세웠다.

57년 유리 이사금이 죽고 석탈해가 왕위에 올랐다.

65년 김알지가 계림에서 탄생하였다.

102년 파사 이사금이 음즙벌국·실직곡국·압독국을 병합하였다.

262년 김알지의 7대 손자 미추가 왕위에 올랐다.

356년 마립간이라는 왕의 칭호를 처음 사용하였고, 내물 마립간 때부터 김씨가 왕위를 세습하였다.

418년 박제상이 고구려에 볼모로 잡혀가 있던 복호 왕자를 구출했다.

502년 지증왕이 신라에서 처음으로 소를 이용한 농사법을 실시하였다.

503년 지증왕이 나라 이름을 '신라'로 바꾸고, 임금 호칭을 '왕'으로 정하였다.

512년 지증왕이 이사부를 시켜 우산국(지금의 울릉도)을 점령하였다.

520년 법흥왕이 율령을 반포하고 관리의 복식을 정하였다.

527년 이차돈이 순교한 뒤 법흥왕이 불교를 공인하였다.

545년 거칠부가 신라의 역사책 『국사』를 편찬하였다.

553년 진흥왕이 한강 하류를 기습 점령하여 장악하였다.

648년 선덕 여왕이 김춘추를 파견해 당나라와 동맹을 맺게 하였다.

660년 나·당 연합군으로 백제를 멸망시켰다.

668년 나·당 연합군으로 고구려를 멸망시켰다.

670년 당나라와 동맹을 깨고 전쟁을 시작하였다.

676년 7년 전쟁 끝에 당나라를 몰아내고 삼국 통일을 이룩하였다.

찾아보기

ㄱ

가락바퀴 35, 36
가야 79, 104, 141, 150
간빙기 25, 30
간석기 31, 40, 41
개로왕 113, 156, 157, 159
거란 106, 124
거푸집 45
건국 신화 54, 139
계급 사회 46
계백 174~177
고고학 12, 17, 21
고구려 고분 벽화 116, 118, 121, 123
고국양왕 102
고국원왕 96, 102, 103, 148, 150
고국천왕 86, 87
고대 국가 90~93
고이왕 140, 141, 148, 150
고인돌 46, 47
고조선·한나라 전쟁 66
고흥 153, 154

공산성 158
과하마 75
『관자』 19, 61
관창 176, 177
광개토 대왕 18, 102~104, 106, 107, 156
광개토 대왕비 18, 89
구야국 79
국내성 88, 89, 94, 96, 108~110, 142
근초고왕 148, 150~153, 155
금동 대향로 168
금동 미륵보살 반가사유상 101
금동 미륵보살 반가사유상 171
금성 142
금와왕 82, 83
기자 62, 63, 65
기자 조선 62, 63
김유신 134, 174, 175, 177
김춘추 131~133, 135

ㄴ

나·당 동맹 133
나·당 연합군 134, 182
낙랑군 69~71, 95, 111, 150

낙화암 178, 179
남방계 몽골 인종 14, 15
내물왕 104
농경무늬 청동기 55
농업 발명 33~35
니계상 참 69

ㄷ

단군 12, 55~57, 73
단군 신화 54, 56
단군 왕검 54
단궁 75
단양 금굴 13, 24, 25
단일 민족 12, 15
당나라 129~134, 180~183
대동문 114, 115
대성산성 110, 111
대소왕 95
대야성 178, 180
도기 168, 172, 173
도림 156, 157
돌괭이 34, 35, 41
돌무지무덤 139
돌보습 34, 35
돌칼 31, 40, 41

동성왕 158
동예 74, 75, 78, 103
동진 101, 103, 151, 152
뗀석기 26, 29, 31

ㅁ

마라난타 101
마한 76, 78, 140, 141, 150
막집 26
말갈 103, 124
말갈족 140
모용 선비족 73, 95
목조 미륵보살 반가사유상 171
목지국 76, 77, 141, 148
몽촌토성 142~144, 146, 147
무령왕 158, 159, 162~164
무령왕릉 162~164
무왕 161, 169
무제 66, 67
무천 75, 78
문제 124, 125
문주왕 157
미륵사지 석탑 169
미송리형 토기 61
미천왕 71, 95, 96

미추홀 139
민며느리 제도 74
민무늬 토기 43

ㅂ

바둑판식 고인돌 47
박사 154, 155, 169
박혁거세 51
반고 58
반굴 176
반달 돌칼 40, 41
반어피 75
백암성 131, 132
백제 관음상 155
백제 문화 168
범금 8조 58, 60, 62
법흥왕 101
벼농사 41, 79
변한 78, 79
보통문 114, 115
부소산성 159, 160
부여 72, 73, 78, 84, 103
부여씨 139
부족 48, 49, 51
부족 사회 48~51, 55

부족장 43, 46, 47, 51
북방계 몽골 인종 13~15
북위 108, 109, 111, 113
불교 93, 96, 98~101, 121
비류 138, 139
비사성 131, 132
비파형 동검 42, 58, 59
빗살무늬 토기 35, 38, 39, 43
빙하기 24, 25, 30
뼈바늘 35, 36
뿔괭이 34

ㅅ

『사기』 18, 19
사로국 77
사마천 18, 19
사비 159
사비성 160, 166, 174, 177, 181, 182
사비 천도 156
사신도 122
살수 대첩 124, 127, 128
『삼국사기』 142, 178
『삼국유사』 54, 57
『삼국지』 58

삼한 65, 76~79
『서기』 153, 154
서산 마애 삼존불 170, 171
석가모니 93, 98
선사 시대 16, 17, 20~23
성기 68, 69
성왕 159, 161, 179
세형 동검 42, 58, 59
소도 76, 77
소서노 85, 138
소수림왕 94~97, 100, 102
소정방 134, 174, 177
솟대 77
수나라 124~129
순도 100
순장 78, 116
슴베찌르개 26
신석기 혁명 30, 38
신선 사상 122
씨족 48~50
씨족 공동체 48~51

ㅇ

아신왕 104
아직기 152, 154, 155

안시성 전투 132
안학궁 110, 111, 114
양만춘 132
양원왕 114
양제 126
역계경 77
역사 시대 16, 17, 19~22
연개소문 130~135, 180
연나라 58, 63, 64, 95, 96
연맹 왕국 51, 91, 92
영고 73, 75, 77
영류왕 130
영양왕 124~126
예맥족 55, 56, 72, 74
오녀산성 84
오수전 146, 162
5호 16국 시대 108, 151
옥저 73, 74, 78, 103
온조 138~140
와박사 154
왕검성 64, 68
왕인 152, 154, 155
왜 103, 104, 111, 152, 155, 167, 168, 171, 173
요동성 125, 126, 132
우거왕 67~69, 77

우경법 87
우중문 127
움집 37, 39, 43
웅진 157~159
웅진 도독부 183
웅진성 158, 159, 182
원시 무리 사회 48, 50
위만 62~65, 67
위만 조선 62, 63, 65
유리왕 88, 89, 94
유화 부인 82, 83
율령 92~94, 97, 141
을밀대 115
을지문덕 126, 127
을파소 86
음양 오행설 122
의자왕 175, 177~182
이차돈 101
일연 57

ㅈ

장군총 89
장수왕 108~113, 156, 157
정림사지 5층 석탑 100
제천 행사 73, 75, 78

족외혼 48, 49
졸본 83, 85, 88
졸본성 84, 86, 88, 89, 94
주먹도끼 27
주몽 82~86, 88, 138, 139
주몽 신화 82, 83
준왕 64, 65
중앙 집권화 91~93
중원 고구려비 112
지배 계급 40, 42, 44, 46
진대법 86
진수 58
진한 77~79
진흥왕 132, 161, 179
쪽구들 120
찍개 27

ㅊ

참성단 57
책화 75
천리장성 131, 132
천추총 88
철갑 기병 106, 107
철기 문화 77, 79, 85
철기 시대 22, 64

청동 거울 41~43
청동검 42, 43, 45, 56
청동기 시대 22, 40~44, 47, 50, 55~57, 63
청동 방울 41, 43
청동 자루솥 145
청원 두루봉 동굴 26, 28, 29
초기 국가 90
칠성문 114, 115
칠지도 152
침류왕 101

ㅌ

탁자식 고인돌 47
태왕릉 89
태종 132, 133
태학 94, 96
토기 35, 38, 39, 43
톰센 20~23

ㅍ

팽이형 토기 61
평양 108~111
평양성 114, 125, 126, 134, 150
평양 천도 108
풍납토성 142~147

ㅎ

하남 위례성 138, 142, 143, 147
하백 82, 83
한강 유역 104, 113, 132, 138, 159
한나라 66~71, 98
한사군 70~72, 95
『한서』 58, 60
한족 14, 55
해모수 73, 82
해상 왕국 148, 162, 167
현무문 114, 115
호류사 5층 목탑 155
환도산성 89
환웅 54~56
환인 54
황금 허리띠 고리 70
황산벌 174, 175, 177, 182
황산벌 전투 174

사진·그림 제공 및 출처

❈ 사진 자료에 도움을 준 기관

공주 시청	공산성 158
국립경주박물관	〔경박 200812-165〕 꾸미개 32, 청동 투겁창 42, 장대끝 방울 42
국립공주박물관	닭 머리 모양 주전자 151, 오수전 162, 금제 뒤꽂이 164, 왕비의 관 꾸미개 164, 은팔찌 164, 청자 항아리 164, 흑갈유 병 164, 청동 수저 164, 용무늬 고리 자루 큰칼 164, 청동 다리미 164, 나무 베개 165, 금귀걸이 165, 굽은옥 165, 왕의 관 꾸미개 165, 동제 잔받침과 은잔 165, 발받침 165, 금동 신발 165, 연꽃무늬 벽돌 172, 바람개비 모양 기와 173
국립광주박물관	〔광박 200901-1〕 숫돌 32, 작살 32, 반달 돌칼 복원품 41, 쌍두령 42, 가지 방울 42
국립김해박물관	청동 거울 21, 갑옷과 투구 21
국립문화재연구소	돌칼 31, 그물추 37, 수막새 기와 145, 육각형 집터 146
국립부여박물관	청동 꺾창 42, 청동 도끼 42, 민무늬 토기 43, 칠지도 152, 벼루 161, 남자용 소변기 161, 산수무늬 벽돌 172, 상자 모양 벽돌 172, 연꽃무늬 수막새 173
국립중앙박물관	〔중박 200812-533〕 갈돌과 갈판 36, 팔주령 42, 청동 거울 42, 세형 동검 42, 비파형 동검 42, 종방울 42, 농경무늬 청동기 55, 황금 허리띠 고리 70, 동물 모양 연적 70, 칠국자 71, 박산 향로 71, 칠렴 71, 동준 71, 수막새 기와 71, 국내성 부근 출토 기와 88, 연가 7년이 새겨진 부처 100, 금동 미륵보살 반가사유상 101, 은으로 만든 관 꾸미개 141, 양 모양 청자 151, 청자 항아리 151, 금동 대향로 168, 금동 미륵보살 반가사유상 171 〔중박 200812-558〕 돌보습 34, 꾸미개 37, 돌칼 41, 돌괭이 41, 돌낫 41, 반달 돌칼 41, 비파형 동검 59, 세형 동검 59, 글자가 새겨진 청동 그릇 106, 철제 부뚜막 모형 120, 집 모양 토기 120, 청동 자루솥 145 〔중박 200904-159〕 빗살무늬 토기 38
동아대학교박물관	광개토 대왕비 탁본 19
미륵사지유물전시관	미륵사지 석탑 169
서울대학교박물관	미사리 선사 유적 발굴 조사 광경 17, 주먹도끼 21, 가로날도끼 21, 다각면 원구 21, 주먹도끼 27, 찍개 27, 돌톱 32, 돌바늘 32, 결합식 낚싯바늘 32, 돌괭이 34, 돌화살촉 41, U자형 쇠삽날 87, 쇠보습 87, 호미 87, 쇠스랑 87, 낫 87, 병 120, 오절판 120, 또아리 병 120, 나팔입 항아리 120, 원통 모양 그릇받침 144, 쇠뿔 모양 손잡이 잔 144, 수막새 기와 144, 세발 토기 144
석장리박물관	자르개 27
전남대학교박물관	녹유 탁잔 173
전쟁기념관	을지문덕 장군 흉상 127, 살수 대첩을 재현한 디오라마 128~129, 안시성 전투 기록화 132
충북대학교박물관	슴베찌르개 26, 긁개 27, 쌍코뿔이 아래턱뼈 28
한신대학교박물관	시유 도기 145, 옥과 유리구슬 145

❈ 사진 자료에 도움을 준 곳

겨자씨와 누룩	양각도에서 바라본 오늘날의 평양 시내 114
북앤포토	광개토 대왕비 18, 마니산 참성단 57, 백제 돌무지무덤 139, 황산벌 175, 낙화암 179, 대야성 180
사계절출판사	탁자식 고인돌 47
엔싸이버	숭렬전 140, 호류사 5층 목탑 155

연합뉴스	광개토 대왕 동상 103, 모란봉 을밀대 115, 백암성 131, 비사성 131, 몽촌토성 144, 백제 관음상 155
중앙포토	보통문 115, 칠성문 115

❈ 사진 자료에 도움을 준 책

『광릉사』	목조 미륵 보살 반가상 171
『문물 중국사』	한나라 황제 무제의 초상 66
『정창원의 보물』	바둑판과 바둑돌 157
『조선 유적 유물 도감』	뿔괭이 34, 가락바퀴 36, 뼈바늘과 뼈바늘통 36, 미송리형 토기 61, 팽이형 토기 61, 해 뚫음 무늬 금동 장식 97, 대성산성 110, 현무문 115, 철제 가위 120
『중국 청동기 전집』	네모난 청동솥 21
『중화 문명 전진』	황제의 모습을 한 석가모니 99

❈ 사진 자료에 도움을 준 분

권태균	중국 경극에 등장하는 연개소문 133
김성환	국내성 터 88, 천추총 88, 환도산성 터 88, 광개토 대왕비 89, 태왕릉 89, 장군총 89
명연파	중원 고구려비 112
박여선	연개소문 유적비 134, 풍납토성 145
박진호	디지털로 복원한 무령왕릉 내부 모습 163
박찬석	단양 금굴 25
백유선	고구려 돌무지무덤 139
서길수	오녀산성 84~85
손승현	정림사지 5층 석탑 100, 고구려의 부엌 120, 서산 마애 삼존불 170
송호정	『기자지』에 실린 기자의 초상 62, 황금 귀걸이 73, 황금 허리띠 고리 73
이지수	바둑판식 고인돌 47
임기환	대동문 115
최옥미	계백 장군 무덤 177

❈ 그림 자료에 도움을 준 분

김병하	백제의 집과 생활 146~147, 사비 도성 상상도 160~161
김은정	와박사 154
서희정	미륵사 154
이 진	안학궁 복원도 110~111
조광현	아차산 제4보루 복원도 112~113

(주)사계절출판사는 이 책에 실린 모든 자료의 출처를 찾기 위해 최선을 다했습니다.
저작권자를 찾지 못해 게재 허락을 받지 못한 사진은 저작권자가 확인되는 대로 사용료를 지불하겠습니다.

키워드 한국사 1

2009년 6월 15일 1판 1쇄
2017년 1월 13일 1판 7쇄

지은이 | 김성환
그린이 | 이선희 · 김진화

기획 · 편집 | 최옥미 · 강변구
표지 디자인 | 김지선
표지 그림 | 홍선주 **표지 제목 글씨** | 김기조
본문 디자인 | FN디자인 김미경 · 김효경
제작 | 박흥기
마케팅 | 이병규 · 이민정 · 최다은

출력 | 한국커뮤니케이션
인쇄 | 코리아피앤피
제책 | 창림P&B

펴낸이 | 강맑실
펴낸곳 | (주)사계절출판사
주소 | (우)10881 경기도 파주시 회동길 252
등록 | 제406-2003-034호
전화 | 031) 955-8588, 8558
전송 | 마케팅부 031) 955-8595 편집부 031) 955-8586
홈페이지 | www.sakyejul.co.kr **전자우편** | skj@sakyejul.co.kr **블로그** | skjmail.blog.me
페이스북 | facebook.com/sakyejul **트위터** | twitter.com/sakyejul

ⓒ 김성환 2009

값은 뒤표지에 적혀 있습니다. 잘못 만든 책은 구입하신 서점에서 바꾸어 드립니다.
사계절출판사는 성장의 의미를 생각합니다. 사계절출판사는 독자 여러분의 의견에 늘 귀 기울이고 있습니다.
이 책은 저작권법에 따라 보호받는 저작물이므로 무단전재와 무단복제를 금합니다.

ISBN 978-89-5828-371-3 74910
ISBN 978-89-5828-370-6 (세트)